人人都能上手的

信息图表术

**Infographic
Design**

Re-lab
团队
著

———

台海出版社

北京市版权局著作合同登记号：图字01-2021-5278

© Re-lab团队

中文简体版权由成都天鸢文化传播有限公司代理，经由时报文化出版公司独家授权，限在大陆地区发行。非经书面同意，不得以任何形式任意复制、转载。

图书在版编目（CIP）数据

人人都能上手的信息图表术 / Re-lab 团队著 . — 北京：台海出版社，2021.12

ISBN 978-7-5168-3166-3

Ⅰ . ①人… Ⅱ . ①R… Ⅲ . ①视觉设计 Ⅳ . ① J062

中国版本图书馆 CIP 数据核字（2021）第 202971 号

人人都能上手的信息图表术

著　　者：Re-lab 团队

出 版 人：蔡　旭　　　　　　　责任编辑：王　萍

出版发行：台海出版社

地　　址：北京市东城区景山东街 20 号　邮政编码：100009

电　　话：010-64041652（发行、邮购）

传　　真：010-84045799（总编室）

网　　址：www.taimeng.org.cn/thcbs/default.htm

E － m a i l：thcbs@126.com

经　　销：全国各地新华书店

印　　刷：三河市祥达印刷包装有限公司

本书如有破损、缺页、装订错误，请与本社联系调换

开　　本：710 毫米 ×1000 毫米　　　1/16

字　　数：200 千字　　　　　　　　印　　张：13.5

版　　次：2021 年 12 月第 1 版　　　印　　次：2021 年 12 月第 1 次印刷

书　　号：ISBN 978-7-5168-3166-3

定　　价：68.00 元

图像化思考，

是一种表达方式的精进，

不仅节省沟通时间，

也增加作业效率。

目录

信息图表：
互联网时代的必备技能

国际百万青年学习型社群行动派联合创始人　李婉萍

相信每个人都感受到了我们所处的互联网时代，正是信息全面爆炸的时代，我们无时无刻不被各种各样的信息轰炸。

同时，我们也非常清楚地意识到，信息对我们每个人都非常重要。生活中大大小小的决策、与他人的沟通协作、职场商谈等等，都需要我们掌握准确、清晰、有效的信息。

那么日常生活中，如何更有效，快速地吸收这些纷繁复杂的信息？职场工作上，如何能把自己想要表达的内容，让身边的同伴迅速理解，更好地进行信息的同步沟通和协作？学习中，如何把信息内化进自己的知识体系，实现个人的快速成长？

信息图表，就是新时代出现的一个非常棒的工具。它有清晰易懂的逻辑、创意的视觉设计、丰富的可能性。

它可以帮助我们在茫茫信息大海中，迅速地获取最重要那一瓢，让我们轻轻松松地就充分理解所有信息传递的重点。

同时，它也是未来职场中非常重要的工具：信息图表清晰的视觉化呈现，让我们可以很好地向同伴传递我们的知识和见解，同时也能够更有逻辑、更加准确地让所有人理解到我们想要表达的信息。这就是信息图表时代的魅力。

　　而未来职场，将信息图表化也将是一项非常重要的能力，如果我们可以掌握这项技能，不但可以让繁杂的信息变得可视化，提高信息吸收能力，同时也能在制作信息图表的过程中，系统地提升我们的逻辑与审美。这样事半功倍的方法，我相信每一个人在未来的职场当中都渴望拥有。

　　而这本由台湾地区最资深的信息设计顾问公司Re-lab倾力打造的图标书，通过"信息图表"创意有趣的形式，让你快速掌握信息图表的核心要义。可以说，它是每个走向未来的职场人必备的信息图表教材。

为什么要学信息图表？
Why Infographic?

"我们家的产品虽然比别的品牌好，但是消费者通常不知道怎么分辨产品的好坏，希望可以通过信息图表让消费者更容易了解其中的差异。"

"健康医疗信息虽然重要，但大部分的人平常都不关心，往往等到疾病发生了才发现不得其门而入。"

我们发现信息暴增的时代，反而让信息和人们的距离愈来愈远了。

Re-lab的故事要从2011年的六个大学生说起，和大部分大学生一样，我们发现在学校的生活中，几乎都在学习"重要"却难以"传递"的东西。

"如何把难以理解的数据、理论、流程变得一目了然？如何把让人抗拒的文字、无法沟通的立场变得更友善？"

很快地我们就发现自己并不孤单，有不少信息传递者也有同样的想法：有人借助清楚的图表和有趣的图像来传递生硬的信息，有人用精彩的动画来说明复杂的理论，也有人用交互式的网页循序渐进地呈现大量的信息……有趣的是，这些呈现信息的方式，都不约而同地运用了"说故事"和"视觉化"这两种迷人的方法，而"信息图表"（infographic）正是将这两种方法汇聚于一身的产物，同时也是上述各种呈现方式的发展基础。

如果看到这里你还是不知道什么是"信息图表"，先别急，因为接下来整本书中会有让你看不完的信息图表作品，在这里想先谈谈——"信息图表"这两年已经愈来愈广泛地被运用于媒体、社会议题的讨论和各种知识的推广，为什么Re-lab还想要出书呢？

因为信息图表的潜力远不止于此。

不知不觉，Re-lab已经做了上百个作品，我们很幸运，一路走来总有许多客户主动洽谈合作，规模大的如台积电、奔驰、博客来等企业，也有其他公益或非营利组织，他们将生硬、复杂或无趣的信息托付给我们，让团队赋予这些信息新生命。

在此过程中，我们愈做愈看见信息图表的运用，在广度与深度上有更多努力的空间。信息图表在许多重要且有影响力的领域还不够普及，就拿我们最在意的教育来说，尽管"图像式思考[①]"对于学习的帮助已广为人知，但大部分的教学方式和教材还是害怕改变；更不用提复杂的医疗健康、保险信息、日趋复杂的跨领域社会议题等。我们期待更多领域的专业

---

① 图像式思考：如通过画图更轻易地破解数学习题、运用地图呈现更清楚了解欧洲史上战争发生的因果和地缘关系、运用图表更有效率地说明实验结果等等，这些都是人类拥有双眼、长期演化的重要结果，图像化不只是有助于思考、推理，对于学习的速度和记忆也有很大的帮助。

人士了解信息图表对于沟通的助益，希望看到更多有价值的信息被需要的人理解。

信息图表应用的深度对我们来说也是一大挑战，想要让沟通对象借助信息图表更容易理解生硬的信息前，首先，信息图表的制作者本身要能更深入了解想要传递的信息和沟通对象，并且同时思考如何运用视觉化的方法增进理解的效率，不然信息图表只会沦为增加视觉吸引力的手段；其次，光是单向地运用信息图表来传递信息还不够，若不能够理解沟通对象，便无法从使用者的角度出发思考信息对他们的影响，更不用说能创造双向的交流。

相信看到这里，你已经发现，信息图表的制作能力绝对不限于单一领域，需要有逻辑地研究信息，客观地研究沟通对象，编排信息的呈现顺序，尝试适合的视觉化方法，也需要一点视觉设计的基础和美感……但别担心！并不是要具备所有上述的能力才能制作出出色的信息图表，相反地，最重要的其实是学习相关的概念和方法，一旦知道自己的能力和限制，就可以评估适合自己的做法，并适当地借助辅助工具和开放资源来完成，更别提与专业团队合作，亦能激荡出更多有趣的想法和更完善的呈现方式。

综上所述，本书除了公开Re-lab的信息图表制作流程，我们也决定通过一个个实际的案例分享，让大家更直接地体会Re-lab在每一个项目中，如何学习增进信息图表应用的广度与深度，如何运用设计的思维来解决不同信息设计的难题。每一次的合作对我们来说都是学习，也让我们了解到

"沟通"的困难与美好，很感谢每一位合作伙伴给我们学习的机会，也希望这本书除了分享信息图表制作的技巧，也能带给大家关于"沟通"的灵感。

Re-lab简介

由六个大学生创立的信息设计顾问公司。

希望可以通过信息设计解决沟通的问题，缩短信息落差，和大家一起快乐地在信息海中游泳。

特别喜欢通过实验性的项目探索更多可能，在每一次的实验中不断进化，欢迎大家一起加入我们，用信息设计创造更有趣的沟通体验。

Chapter 1
操作心法

信息图表
的
原理和概念

**① 信息
的影响力**

为什么信息的传递和沟通这么重要?

"资料是未来的新石油。"

出自彭博社风险投资公司Bloomberg Beta

合伙人Shivon Zilis的一句名言。

原文为

"Data is the new oil."

—— Shivon Zilis

先想想看下面三个问题：

Q： 全世界因为自然灾害而死亡的人口数，过去一百年来的变化是？

    A. 超过原来的两倍

    B. 跟原来差不多

    C. 减少了一半以下

Q： 全球三十岁的女性中，平均就学时间的长度为何？（男性为八年）

    A. 七年

    B. 五年

    C. 三年

Q： 全世界的赤贫人口在过去二十年的人数变化是？

    A. 超过原来的两倍

    B. 跟原来差不多

    C. 减少了一半以下

数据到了汉斯手上就变得跟他一样亲切可爱   为推广关键数据不遗余力的汉斯

黑猩猩不看夜间新闻，回答还是轻松打败人类？

很久很久以前，人们对这世界的理解总是依赖猜测与想象，因为没有飞机，没有卫星，也没有网络。很久很久以后的今天，到地球的另一边不用一天的时间，大部分的人都以为我们对这个世界更为了解。

然而Gapminder基金会董事长汉斯·罗斯林（Hans Rosling）发现大部分的人不但没有更了解，更让人担忧的是，他们都戴着偏见和悲观的眼镜观看这世界。汉斯很喜欢在演讲及教学中做一些调查，开头的问题就是他某一次在TED演讲中问观众的问题。他幽默地用黑猩猩的随机回答拿来跟媒体人、瑞典人、美国人和观众的回答做比较，结果黑猩猩每一局都轻松获胜！人们都给了较为悲观的答案。

汉斯·罗斯林的故事，到底有多精彩？自己去看看：

http://www.gapminder.org/videos

http://www.ted.com/speakers/hans_rosling

尤其在过去二十年来全球赤贫人口的数量变化这一题，95%的美国人认为赤贫人口成长了两倍以上，或是没有变化，但实际情况却是赤贫人口已经减少了一半以上！你猜对了吗？

以偏概全的习惯、过时的学习通道，和不够全面、客观的媒体报导，不断加深偏见和悲观的度数，再加上人们与生俱来求生的本能，让我们不自觉地放大自己惧怕的事物，这种直觉帮助我们活下来，但却成为我们客观认识这个世界的阻碍。

资料里面有很多可靠、客观的故事，但是资料不会说话。

（前面三题的答案是1. C   2. A   3. C）

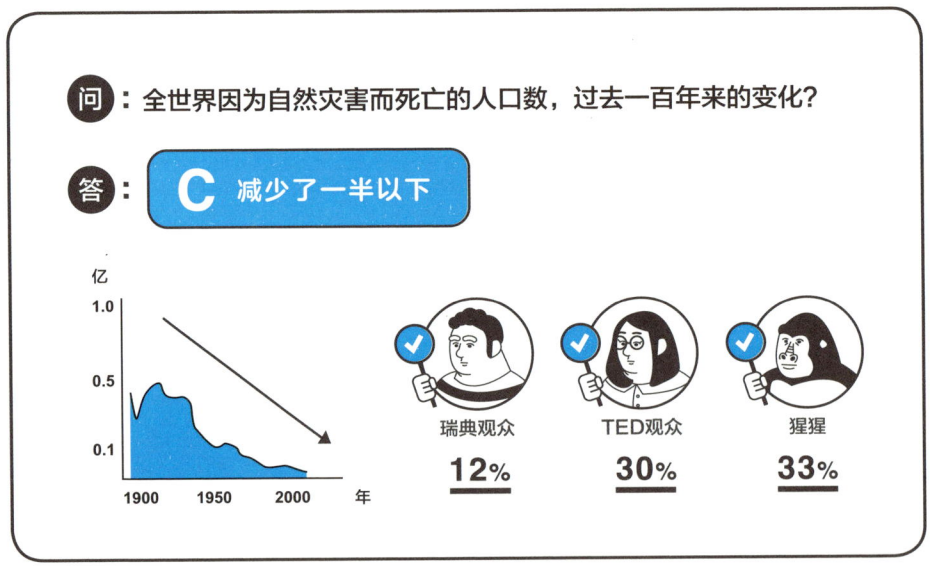

全世界因为自然灾害而死亡的人口数，过去一百年来的变化

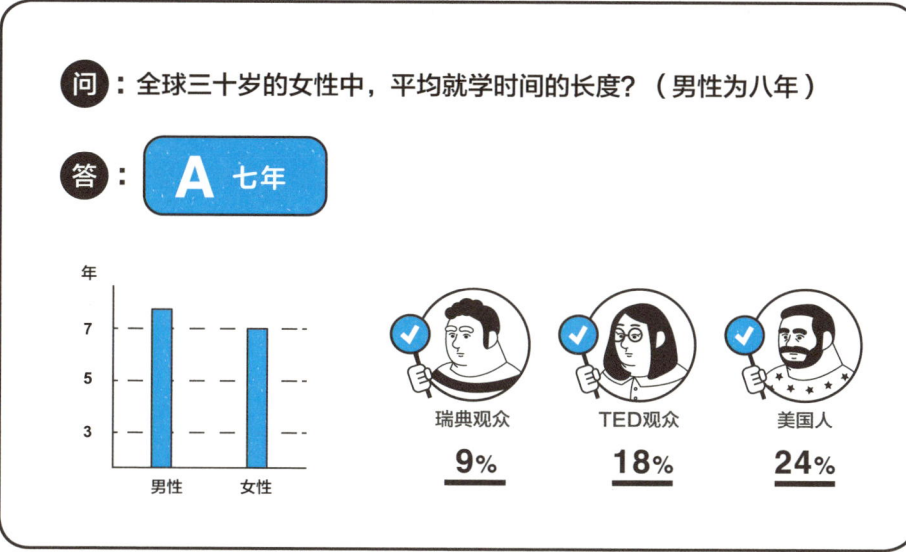

全球30岁的女性中，平均就学时间的长度

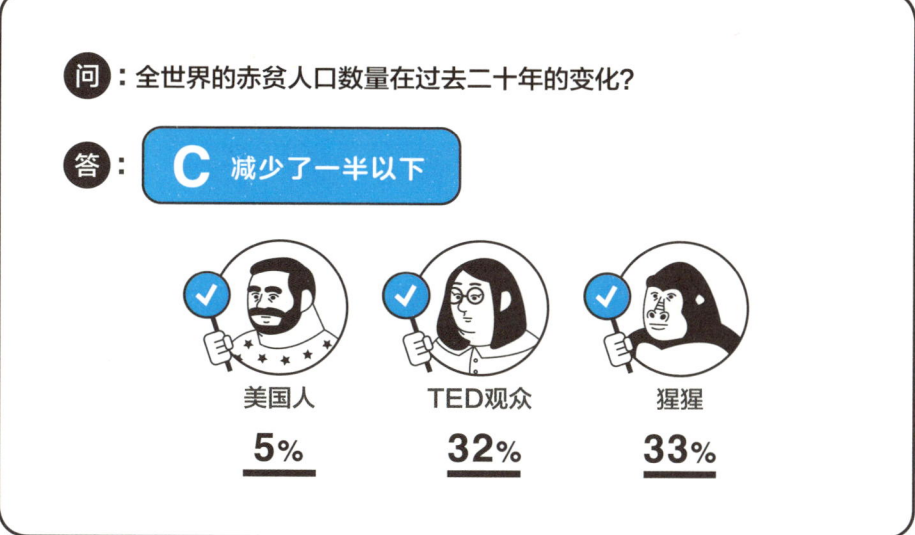

全世界的赤贫人口在过去二十年的人数变化

安静的资料、听不见的故事，静静地躺在少数人的数据库里。

汉斯·罗斯林看到了这些故事的潜力，他发现善用资料说故事能够帮助我们跳脱自己的想象，看到现实发生的状况。当他站上台演讲，像是资料最熟悉的好友，他用最平易近人、优雅又幽默的方式，破除观众的迷思，让不会说话的资料简单地呈现事实，启发无数的人。

为什么知道事实这么重要？

想想看，全球赤贫人口数量二十年来已经减少一半以上的事实，能够让多少人更愿意相信消除贫穷的可能性，并愿意为此目标而努力？过去三十年来全球各国的家庭收入及家庭人口变化资料，对商业公司的市场策略布局有多关键？

不论是国际组织、政府机构、跨国企业、教育机构、研究单位还是个人，我们的决策和选择都需要建构在更客观、可靠的事实上，才能更确定如何往美好进步的方向努力。

除了一场又一场精彩的演讲，汉斯·罗斯林和他的儿子奥拉·罗斯林（Ola Rosling）与儿媳安娜·罗斯林·劳恩伦德（Anna Rosling Rönnlund）一起创办了Gapminder这个组织，致力于推广有价值的资料应用，并消除信息落差。

"我尝试跟几个大型的统计机构交涉，所有人都说，这没办法，我们的信息是很独特的，无法开放搜寻，也无法免费开放让全世界的学生和企业部门使用。"汉斯在一场 TED 演讲里面曾经提到，看来这件事情的确不容易。

　　"但我要告诉大家一个好消息，联合国统计部门的新领导人并没有说这是不可能的，他只说我们不能这么做。"

　　汉斯的乐观和幽默持续发挥着影响力，除了推动更多有用的资料的开放，如何让大众能看得懂并简单地应用，也是另一个重要的课题。

　　数据到了汉斯手上就变得跟他一样亲切可爱。

汉斯·罗斯林

　　汉斯·罗斯林（Hans Rosling，1948年7月27日—2017年2月7日），瑞典数据大师，也是全球知名的医疗卫生专家，穷尽一生精力，希望通过清晰的数据分析让大家关注各种全球重要议题：宗教、孩童死亡、全球人口增长、亚洲崛起、贫穷、HIV、埃博拉等。他于TED舞台的精彩数据分析演说，每每都引起观众的热情掌声与欢呼声，被称为"手上的数据会唱歌的人"。2017年因患胰腺癌在乌普萨拉的家中去世，享年68岁。

本篇照片为Jörgen Hildebrandt摄影，经Gapminder Foundation同意使用。

2 信息
揭露的效力

只要改变信息结构就能解决问题！

"给我一个支点，我可以撬起整个地球。"

——阿基米德

那解决社会问题的支点可能是什么?

想象你是荷兰政府，正面临一个挑战:

面对能源危机，希望推广节电，

降低社区住宅的用电量。

你会怎么做?

有人说："要先调查住宅最主要的用电来源，

还有居民的用电习惯，然后再想办法吧!"

也有人说："设计一个奖励节电的办法，

比如节电的电费降低反馈等。"

一定也会有人说："提高电费就好啦!

调整收费方式，让使用者付费。"

原文为

"Give me the place to stand, and I shall move the earth."

——Archimedes

原来只是电表装错位置！

前言列举的方法都需要投入一定规模的社会成本，深入社区调查和分析，对相关部门下达提倡奖励的指令与执行，因应更改电费的收费方式需要改变的相关措施，等等，除此之外，改变的效果也很难预测，甚至可能衍生出新的问题，比如：提高电费后引起民众反感，且让收入较低的民众负担不起，而真正用电量高的民众因为收入高而不在意电费调涨，这样不但没有解决问题，反而有社会正义失衡的隐忧。

那荷兰政府是怎么做的呢？

他们从数据中发现一个有趣的现象：在阿姆斯特丹郊区的一个地方，有些房屋的电表装在地下室，有些则装在前厅，可以一眼看到家庭的累积用电量。而没想到的是，电表装在前厅的家庭用电量比其他家庭少了三分之一！（这个小故事出自《系统之美》一书作者的分享）

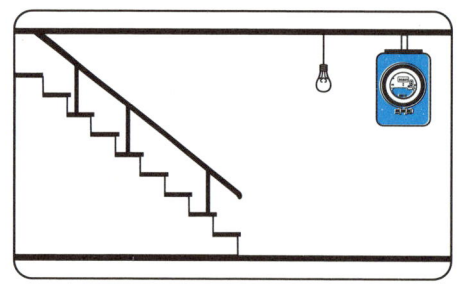
电表装在地下室

电表装在前厅

有效的信息揭露有助于进行有效的变革！

只是对于自己的用电量"知道"与"不知道"的差别，就足以产生这么有效的改变，没有奖励，也没有惩罚，也没有调整规定和法令，只是一点信息的揭露就可以让居民自主性地改变。如果善用这样的方法和思维，我们是不是可以节省很多社会成本，同时从根本改善许多问题呢？

这世界上充满各种类似这样的挑战，对于问题的改善也会有各式各样的期待和声音，但最怕的就是解决了一个问题后却引发了更多问题……

德内拉·梅多斯（Donella H. Meadows）是一个系统思想家，她认为不该只专注在想要改善的"点"，同时要观察相关要素之间的互动和功能，通过整体性的思考，建构出完整的"系统"，才能找出改变的杠杆点（用最低的成本产生最大的效力）。

德内拉·梅多斯在《系统之美》一书中提出了十二个变革的方式，信息结构的改变与信息的揭露是变革的方式中，不需要改变规则（律法、规定等）却可以产生很大的效力的方式。只要谨慎思考应该沟通的信息内容、信息呈现的方式与对象，就有机会让系统自我调节，进行最温柔有效的变革！

3 信息
沟通的好帮手

为什么要把信息视觉化？

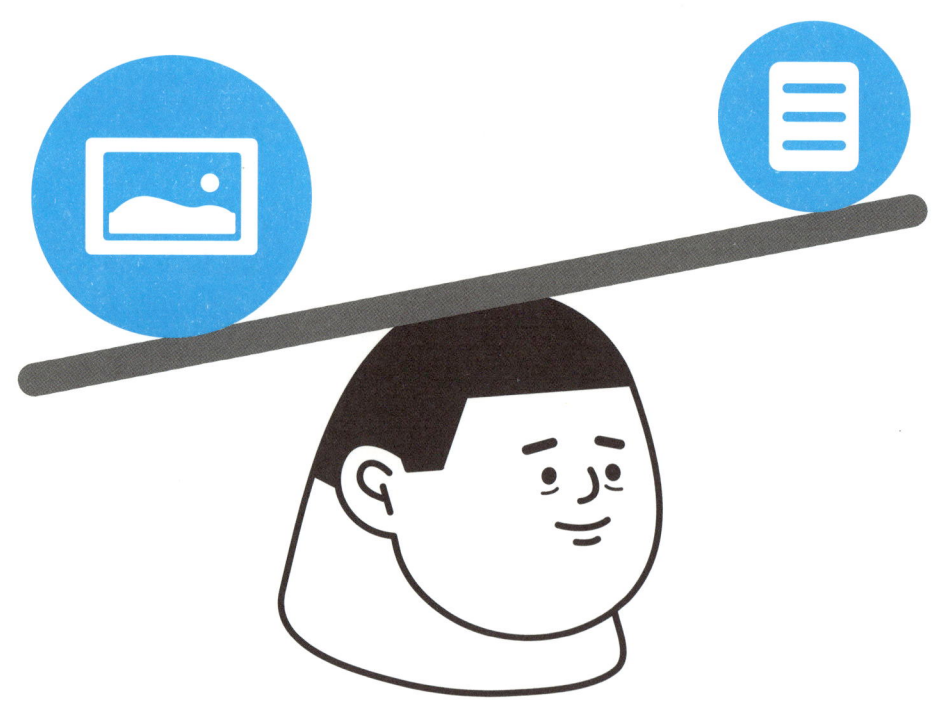

"图像思考不是一个方法或理论，

是我们为了生存演化后的结果。"

因此你不该问自己："学会了吗？"

应该问自己："为什么忘了呢？"

翻到下一页，

看看一样的信息视觉化后有什么不同。

◉ 眼睛是人们接收信息最重要的感官之一

- 在我们的身体中有各式各样的感觉接收器，其中有70%的感觉接收器都聚集在我们的双眼

- 想要接收外界的刺激和印象，透过眼睛是效率最高的方式之一，人眼看一个目标要得到视觉印象，只需0.07—0.3秒的注视时间

◉ 视觉化能提高信息的吸引力和理解的效率

- 案例一：
  有研究显示在说明书中附上插图能让使用者的完成度高出323%

- 案例二：
  药品标签研究显示：若只有文字解说药品，病人接受度为70%；但如果文字加上图示解说，病人接受度高达95%

- 案例三：
  沃顿商学院（Wharton School of Business）研究显示：口头叙述推销，消费者被说服概率为50%；口头叙述加上图片、影像解说，消费者被说服概率为67%

◉ 视觉化有助于记忆

- 九岁以上，人类的记忆信息中有70%—80%是属于视觉型

视觉化版本

 眼睛是人们接收信息最重要的感官之一

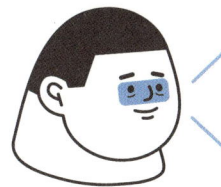 **70%** 的感觉接收器都聚集在我们的双眼

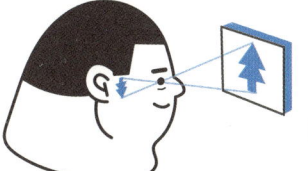 人眼得到一个目标的视觉印象，只需注视 **0.07—0.3s**

 视觉化能提高信息的吸引力和理解的效率 以下实际案例就是最好的证明

323% 说明书附上插图能让使用者高出323%完成度

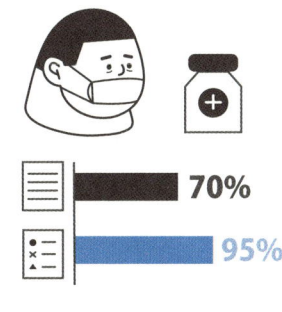 药品标签研究显示：相较于纯文字说明，加上图示解说可使病人接受度提高25%

 **67%** **50%**

沃顿商学院研究显示：推销时加上图片及影像解说，消费者被说服的概率将提高17%

 视觉化有助于记忆

 **70%—80%**

 的记忆信息是属于视觉型（九岁以上）

让我们来看看视觉化可以做到哪些事吧！

对学习的帮助

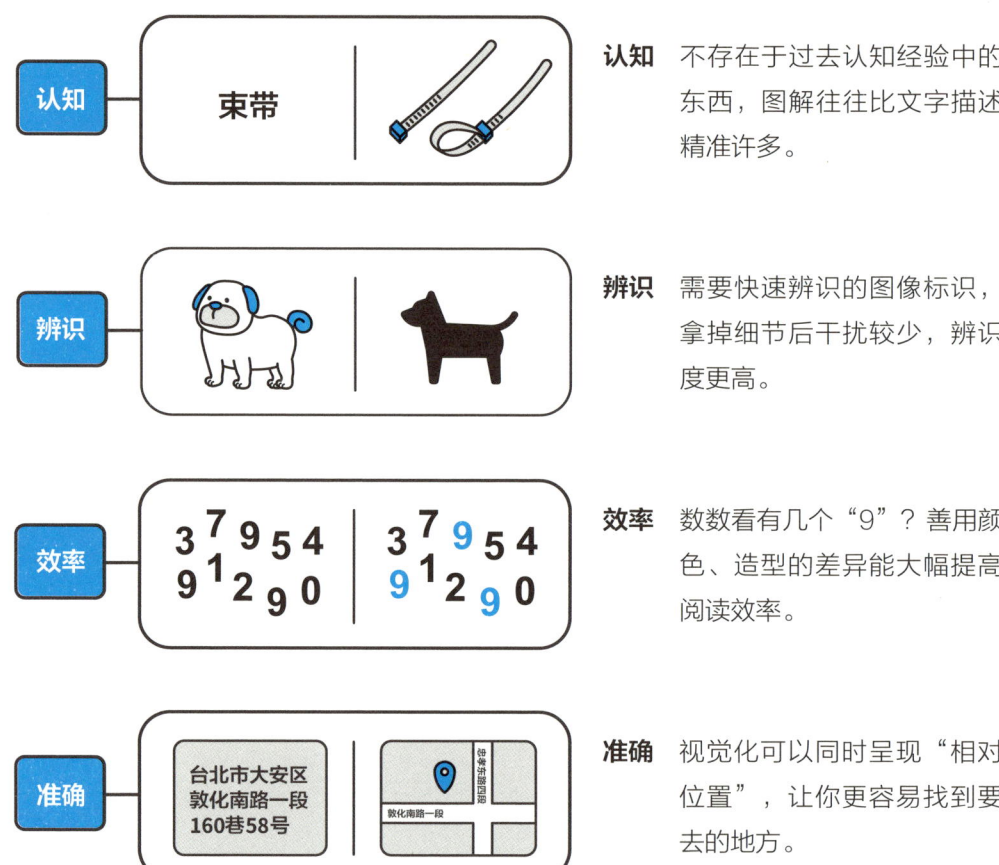

认知 不存在于过去认知经验中的东西，图解往往比文字描述精准许多。

辨识 需要快速辨识的图像标识，拿掉细节后干扰较少，辨识度更高。

效率 数数看有几个"9"？善用颜色、造型的差异能大幅提高阅读效率。

准确 视觉化可以同时呈现"相对位置"，让你更容易找到要去的地方。

对引起共鸣的帮助

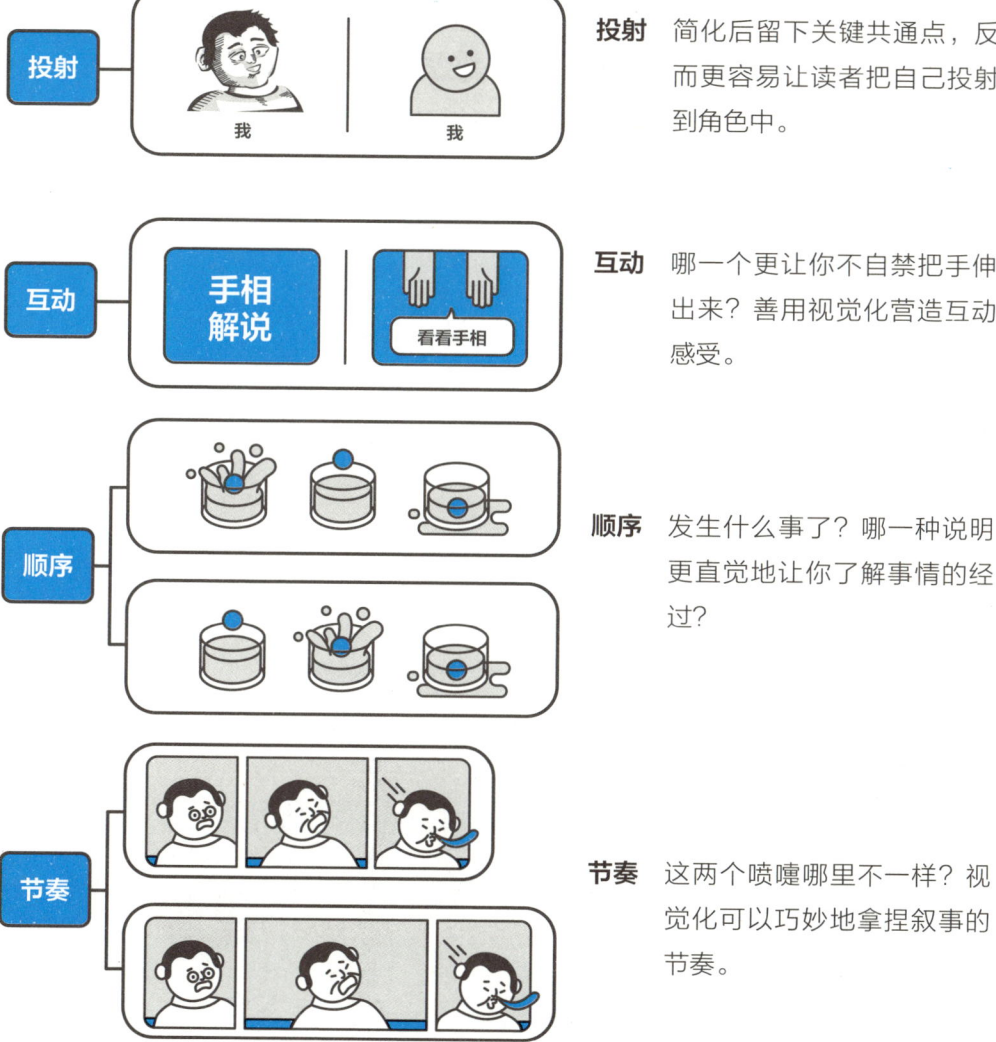

投射 简化后留下关键共通点，反而更容易让读者把自己投射到角色中。

互动 哪一个更让你不自禁把手伸出来？善用视觉化营造互动感受。

顺序 发生什么事了？哪一种说明更直觉地让你了解事情的经过？

节奏 这两个喷嚏哪里不一样？视觉化可以巧妙地拿捏叙事的节奏。

信息
视觉化的应用

面对看不到的难题可以怎么做？

"温度计并没有分共和跟民主的版本。"

——气候科学家 理查德·萨默维尔

视觉化的应用能突破语言、文化的隔阂。

原文为

"There are no Republican or Democratic thermometers."

——Richard Somerville, Scripps Institution of

Oceanography Climate Scientist

DIKW图解与故事举例

DIKW体系将广义的信息区分
为四个层级：

"资料"（Data）、

"信息"（Information）、

"知识"（Knowledge）和

"智慧"（Wisdom）。

唯有清楚理解信息的属性，
才能采取最佳的视觉化方法！

  在进一步了解视觉化对于
不同信息层级的影响之前，
让我们先来看一位19世纪流
行病学家约翰·斯诺（John
Snow）的故事，并以DIKW的
流程图来呈现故事的脉络。

约翰·斯诺

19世纪时，英国爆发了四次霍乱大流行，当时的科学家、医生和研究员都找不出原因，也不知道霍乱传染的媒介是什么。当时有个外科医生约翰·斯诺采取了这样的行动：观察发生的环境、访谈霍乱病患住户，根据观察对传染原因做假设，再针对假设大规模搜集相关资料。

根据搜集来的资料，约翰·斯诺把所有病例发生的住户地址与抽水机位置分别以不同的符号标注在街道地图上，发现病例的发生与某个抽水机的水源提供区域吻合。接着运用统计方法进一步验证其关联性，并想办法排除其他原因。有病例发生的住户地址：● 抽水机位置：X

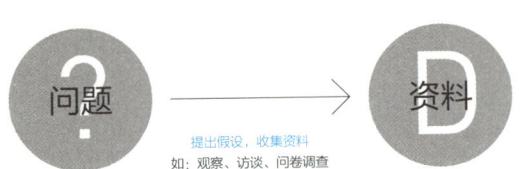

提出假设，收集资料
如：观察、访谈、问卷调查

说明	客观的事实 如：数据、事件、文字、影像
如何回应问题	无法回应问题， 未经分析判读就没有意义
视觉化 能帮忙的地方	资料视觉化 协助推理和分析，让大量的 资料间的关联性一目了然
视觉化 须注意的关键	尽可能客观地呈现资料， 让资料自己说故事 （呈现关联性）

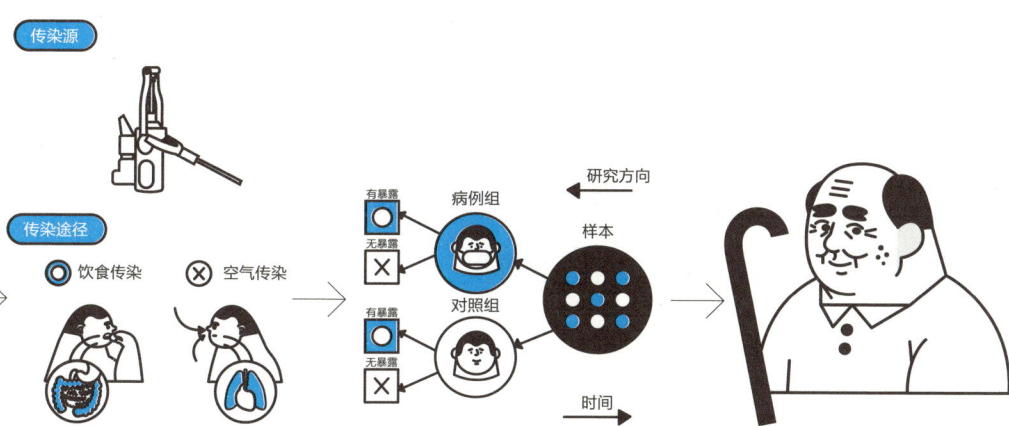

根据分析资料得到的结果，约翰·斯诺认为霍乱是通过被污染的水源传播，而非当时的主流想法——乱是通过被污染的空气散播"，并提出霍乱疫情的解决方案："暂停该抽水机水源的供应！"

约翰·斯诺的研究方法深深影响了后来流行病学的发展。流行病学的目的是阻止原因不明的传染病蔓延，因此这种病例对照研究法对于实时有效地找到原因，进而控制流行疾病的疫情非常有帮助。

随着时间的演进和一次次经验的累积，人们对于流行病的预防及紧急处理措施有了更多的了解，能够在适当的时间做出正确的判断和行为，进而延长了人类的寿命。

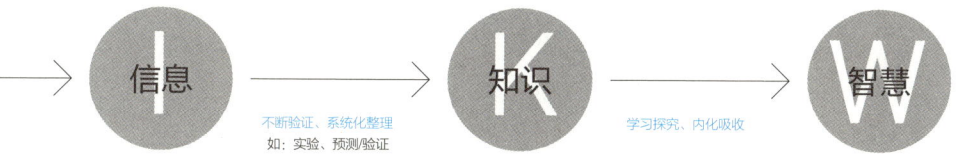

有意义并经过组织的信息	对存在的事实有系统的解释	运用所知启发价值
如：说明脉络、建议做法、理念传达	如：理论、实践方法、认知框架	
可以回答较浅层的问题	可以回答较深入的问题，	知道如何在对的
如：为什么发生、该做什么	如：怎么做、为什么要这样做	时间做对的事
信息视觉化	知识视觉化	智慧不易视觉化，更适合通过实际
提升信息被吸收的速度与准确率，且更容易传播	降低学习负担，提高学习效率，协助跨领域交流	互动讨论来传承，但视觉化可协助故事或经验的传播
根据沟通对象和沟通情境选用最适合呈现的方式	了解视觉符号、图像在该领域的惯用含义，并与相关专业确认	

5 做出信息图表的核心策略

吸引、理解与行动

对于信息提供者来说，

想办法让信息图表接触沟通对象、

"吸引"他们的目光，

接着让他们"理解"信息内容，

最后希望被他们"记住"或是采取"行动"，

是最理想的目标，

然而事情往往没有这么简单。

为什么事情没有这么简单？

首先要知道，想要通过一张信息图表将这三个效果都做好是非常困难的，想想看健达奇趣蛋[①]的"三个愿望，一次满足"也只能满足六到九岁的小孩；另外，吸引、理解和行动不一定按照顺序发生，甚至不一定都会发生。如果这些事情没有事先搞清楚，那你的信息图表就可能什么愿望都满足不了。

四个象限帮助你判断采取策略！

制作信息图表之前，一定要先弄清楚你最想要它达到的效果是什么。看看第28页的图，我们选出两个决定信息发挥影响力的关键因素，再用这两个关键因素区分出四种情况，和其相对应该采取的策略：

依照沟通的情境找到象限位置后，就能知道它最希望达到的效果是什么，并且可以继续制定下一步的目标。举例：如果沟通对象目前位于象限三，你可以用信息图表引起对方的兴趣，请对方留电子信箱等联络信息（往象限四前进）；也可以借助信息图表让对方知道相关信息对他的重要性，想办法把他转向象限二。

许多品牌千方百计地希望你成为他们的会员，为的就是把你从象限三

---

① 健达奇趣蛋，是一款外形酷似鸭蛋，内含牛奶巧克力及松脆可可球、玩具的蛋形巧克力，于1974年诞生。

移动至象限四，但是现在经营内容的效果完全不输广告，好的内容通过信息图表来呈现往往更具有加分的效果，让人更愿意分享、追踪，当消费者开始信任品牌创造的内容，自然就会往第四象限移动。

如何提高信息本身的吸引力呢？

你可以试试以下这几种方法：

1 与其直接告诉读者结论，不如试试看从一个他们可能关心的"问题"开始！如果一开始就以让读者启动大脑开始思考答案，接着阅读内文的意愿自然也提高许多。

2 明确地点出读者原本没有意识到的"认知落差"，除了让读者出乎意料进而想一探究竟，先清楚地知道自己认知的错误，再重新吸收正确的知识也是很好的学习过程喔！

3 在一开始就让读者知道你想传达的信息和他有什么"关联"，他为什么应该要知道这个信息，这样可以快速建立连接，并让读者更有参与感。

4 有些信息图表会给你这种感觉："这一定要转发亲朋好友老师同学隔壁邻居……"让读者觉得有收获、有帮助的实用信息图表常常让人忍不住想分享收藏！

沟通策略象限

关键因素

 主动学习资讯/被动接收资讯　主要取决于"沟通对象是否意识到自己需要知道这些信息""信息本身对于沟通对象的吸收动力有多大"

接触时间长短　包括"单次接触时间长短""接触次数多寡"

- - - - - - ▶　努力方向

 错误示范　看起来或许不难，但现实生活中却充满了各种错误示范，让我们来看看

✕ 只是想好好吃一餐，怎么那么难？

(1)每篇食记都特别长，重要信息到底隐藏在哪里？

(2)在路边打开找美食的App，哪来时间看食记，只能信任美食App的星星

(3)最后吃到好料算幸运，踩到地雷只好摸摸鼻子删App

接触时间短

给予即时并实用的信息建立更多互动的诱因

行动

↑

✕ 那些只能用来垫便当的广告传单

(1)一次想要说的东西太多，让人眼花缭乱，无法第一眼抓住重点

(2)无法建立品牌印象及品牌忠诚度

吸引

找到沟通对象并建立连接才有下一步

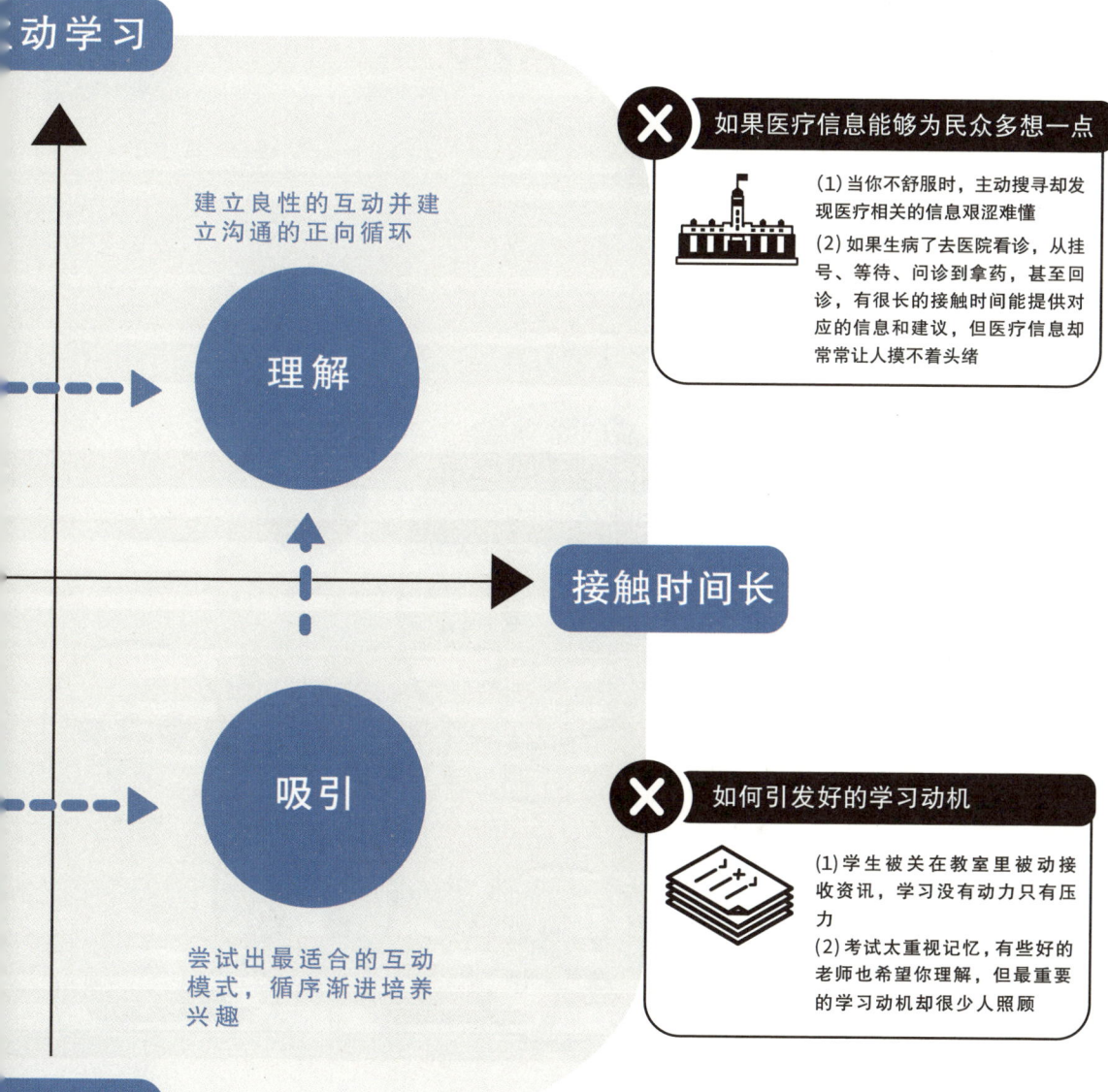

动学习

建立良性的互动并建立沟通的正向循环

理解

接触时间长

如果医疗信息能够为民众多想一点

（1）当你不舒服时，主动搜寻却发现医疗相关的信息艰涩难懂

（2）如果生病了去医院看诊，从挂号、等待、问诊到拿药，甚至回诊，有很长的接触时间能提供对应的信息和建议，但医疗信息却常常让人摸不着头绪

吸引

尝试出最适合的互动模式，循序渐进培养兴趣

如何引发好的学习动机

（1）学生被关在教室里被动接收资讯，学习没有动力只有压力

（2）考试太重视记忆，有些好的老师也希望你理解，但最重要的学习动机却很少人照顾

动吸引

6 五个设计大师
不说的法则

掌握记忆点、信息层次、视觉动线、
颜色运用与互动性

大家常常问我们：

"什么是好的信息图表设计？"

除了好的信息整理之外，

在设计上满足这五个法则是我们对自己作品的要求，

若你看过许多好的信息图表，

你会发现，

它们大部分都满足这些法则。

1 难忘的记忆点——
你希望读者看完以后带走什么信息内容？

最怕读者看完信息图表以后什么也没留下

记得将设计重点放在你想传达的信息重点上，是澄清事实、提出问题、统整比较，还是鼓励采取行动？一味地将所有信息图像化只会失去焦点。

超过三个重点就等于没有重点，参考下图范例，如果想要强调台北市长的市"赞"率，可以将资料分成两类："台北市长的市赞率"和"其他五城市长的市赞率"来观察百分比，如此一来就可以发现台北市长的数据比其他五城市长全部加起来还要多！同时因为圆饼图中的组成类别减少为两类，调整为甜甜圈图（中空的圆饼图）更能一目了然，还可以将想要强调的信息图像化置放于图表中。

小提醒

不过建议还是要将完整的资料来源附上，让有兴趣的读者可以自行判断和探索，也增加信息图表的可信度。

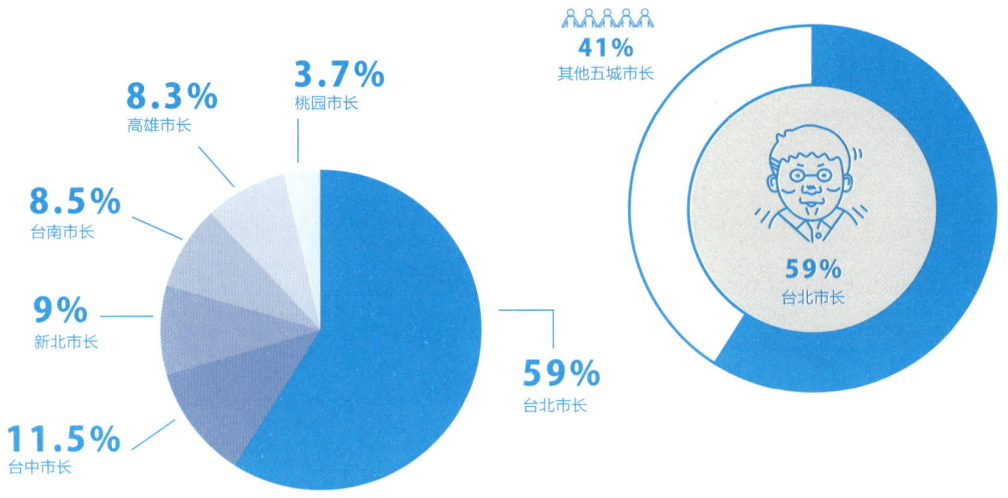

台北市长的脸书点赞率明显高过其他五城市长

3.7%
桃园市长

8.3%
高雄市长

8.5%
台南市长

9%
新北市长

11.5%
台中市长

59%
台北市长

41%
其他五城市长

59%
台北市长

六城市长贴文数	台北市长	20,190,821	台南市长	2,877,457
	台中市长	3,932,997	高雄市长	2,866,315
	新北市长	3,055,562	桃园市长	1,240,968

台北市长脸书市"赞"率图，资料来源：QSearch（2015.01.01—03.31）

2 信息的层次分明——
不怕信息多，只怕信息没层次

一秒钟、一分钟、十分钟······
你的设计能够让目光停留不同时间长度的人
读到不一样的信息深度吗？

通常信息看起来又臭又长是因为缺乏"层次"，要让信息呈现层次分明，首先要搞清楚这些信息的"结构"和"重要次序"：

信息的结构　一个适当的标题，再通过视觉化的方式呈现信息结构，能让人在第一眼抓到这些信息之间的关系，接着看信息内容时就比较不容易迷失在信息里。

信息的重要次序　将你想要传递的信息按照重要顺序分层，再通过视觉呈现设计来突显重点，例如字级使用从大至小、使层次清楚呈现（最大为标题、最小至附注）、善用颜色区分重点（详细说明请参考原则五：颜色运用有逻辑）、依照信息的重要性安排其所占的版面大小。

图说　若只是将信息分成不同区块呈现，乍看之下只有几个不知所云的标题关键字，因此要将事件发生的脉络通过简单的视觉化来呈现，除了将信息架构具体视觉化呈现之外，我们也将信息进行分层，让赶时间的人第一眼能够通过信息图表中的次标题和图像了解内容，接着可以就自己有兴趣的部分细看文字，清楚的架构让读者随时挑自己想看的段落阅读也不至于迷失在文字海里。

小提醒

　　没有信息图表制作经验的人很喜欢"简化"信息，这样一来尽管呈现信息的难度降低不少，设计也有更大的发挥空间，但忽略信息呈现的完整性，很容易造成读者的偏见和误判，所以在简化信息时要非常小心。好的信息图表设计不能一味简化信息，而应该尽力运用视觉化、善用信息分层、结合故事或配合信息本身的特性，让原先不易吸引或被理解的条件转换成其吸睛的特色，并降低沟通对象理解的门槛。更何况，很多时候，信息的美正好在其复杂性或其他难以呈现的特性。

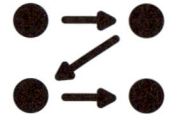

3 清楚的视觉动线——
掌握注意力及眼球运动的轨迹

让人无所适从的不是信息内容本身，而是混乱的视觉动线设计。

只要观众在接受信息时感到混乱、困惑，就会阻碍他们理解信息，在这种情况下，你的信息图表在第一眼就很有可能被观众的大脑屏蔽。

影响视觉动线的重要因素：阅读惯性

人们平常的阅读习惯是最难改变的一件事情，其建立在阅读行为的便利及效率之上。阅读惯性虽然会因为文化而有所不同，但大致上遵循着从上而下、自左而右（文案采用横排书写时）、自右而左（文案采用竖排书写时）的方向。

如果想要打破一般的阅读方向惯性，就要很清楚这样做的动机，可能和传递的信息本身内容有关，如树的蒸发作用过程（从树根在地底吸收水分一路往上到顶端的树叶被蒸发出去），也可能是为了通过打破规则创造更大的视觉张力。

　　想要打破规则的视觉动线需要更清楚的视觉动线引导与暗示，这时候就需要知道一些"眼睛的语言"。

　　除了常见的视觉引导符号（如箭头、辅助线）和前面提到的信息层次规划（图像和字体大小层级的安排），善用下页四种"眼睛的语言"，你也可以做出视觉动线清楚的信息图表！

　　★有兴趣的朋友可以在认知心理学的领域中找到更多跟眼睛沟通的"潜规则"喔！

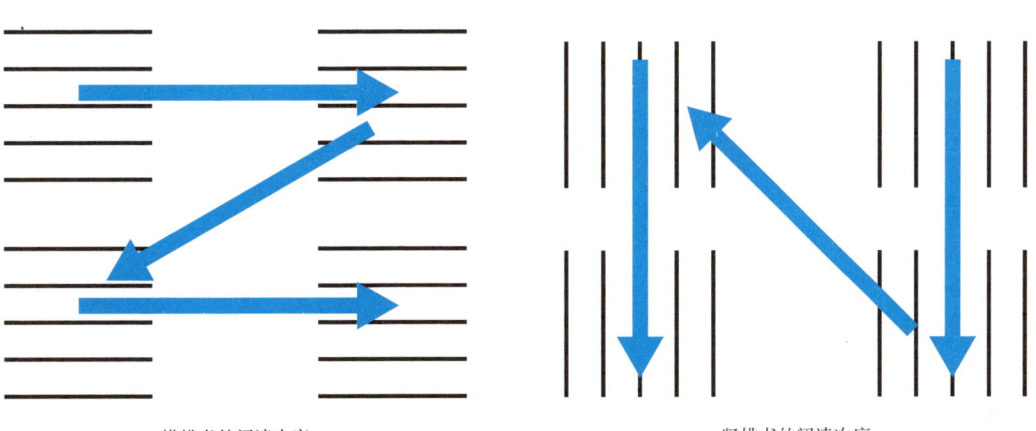

横排书的阅读次序　　　　　　　　　　　　　　竖排书的阅读次序

什 么！

人类看东西 竟有这4个潜规则！

完形心理学中的4个视觉法则

封闭性

人类观察事物时倾向把独立的个别元素群聚，并自动填补元素间的空白状态，当作一个封闭的图像。

在应用封闭性这个原则时，要给足让大脑能自动填补信息的线索，善用对比强烈的色彩是个方法。

> 人类倾向群聚独立的个别元素，
> 并填补元素的空白状态

相似性

观察时若无法发现封闭性，人们就会倾向寻找视觉上有相似性质的事物，并建立关联性。相似性使人们的眼睛和大脑更容易辨识、组织与分类。

我们会将竖排的三角形与圆形判定成不同的群组。

用同相似的视觉呈现，让人清楚认知到信息的层级与关联。

> 无法发现封闭性的话，
> 人们会自动寻找视觉相似的形体

物件其实不只是摸得到的实体，
而是人们通过完形法则把东西自动辨别成一个信息单元或物件。

临
近
性

连
续
性

有趣的是若距离拉开，人们会更倾向将距离
近的物体群组起来，优先于物体的相似性。

大脑处理连续的事物比处理重叠或不连续
的事物要更为敏捷，因而在判读信息时倾
向将事物看成连续的形体。

距离拉开后，我们倾向将竖行的三角形与
圆形群组成一个物件。

在图中我们看到的会是两条直线，而不是
分散的原点。

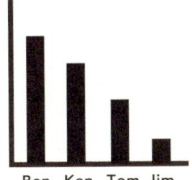

把相邻的信息收录在同一个区块里，即使没
有明显框线，我们还是会因为信息的临近性
自动把它变成同一块。

左图右图是同样的资料，不过右图掌握人
类视觉偏好连续性的原则，把资料从小到
大排列呈现，让人一眼就看出数量大小的
关联，阅读起来相对省力。

图片来源：http://www.apple.com/

> 与相似性同时存在时，
> 人们会倾向以临近性原则组织物件

> 人们对处理连续信息更为敏捷

4 颜色运用有逻辑——
加法比减法容易

信息图表连颜色使用也需要经过思考规划！

初学者制作信息图表很容易迷失在颜色的游乐园中，每个迷人的颜色都想尝试，最后却花花绿绿的，让观众眼花撩乱，模糊了最先想要传达的信息。建议初学者从两到三种颜色开始练习，再慢慢增加。

在思考颜色运用的规划时，可以想想这几个问题：

· **整张信息图表想要给人的感受是什么？**
"是欢乐、和谐、悲伤、强烈、理性或是感性……？"

依照自己想要传达的感受选择适合的主色系，再依照信息内容选择辅助的颜色。如果想要传达的感觉相对中性，或是没有特别想要传达的感觉，可以依照信息内容本身的特性选择对应的颜色。接着看下个问题。

· **想要传递的信息本身有没有特别适合的颜色，能否与生活经验做连接？**
"想到辣椒，你会想到什么颜色？"

如果想要重制史高维尔辣度表，你会怎么做呢？

（请参考下图Re-lab的重制）

颜色的联想往往和生活经验的连接和共鸣有很大的关系，如提到水，很多人会想到蓝色，提到爱情，大部分的人会想到红色或粉红色系。如果你想要加强读者对于信息图表中提到的关键事物的连接和印象，用符合该事物形象的颜色会是很好的选择；相反地，如果该事物在信息图表中只是配角，其实它本身的颜色更适合跟着整张图表的色调搭配。

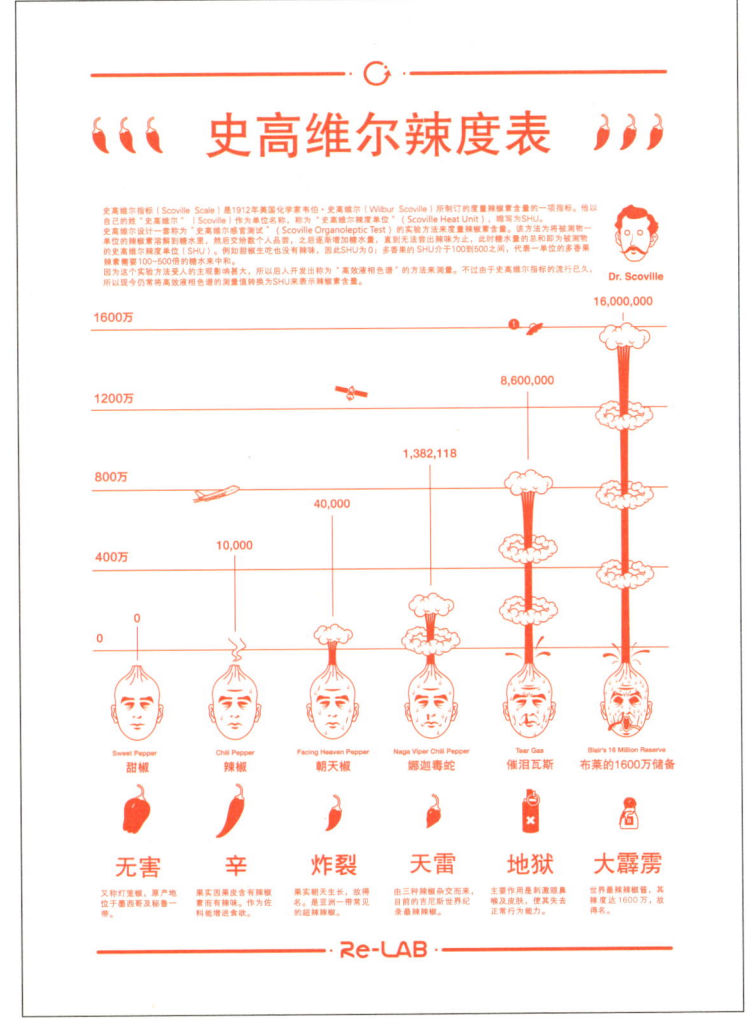

史高维尔辣度表

全岛逃走中！
Animal Run! 哺乳类篇

因为人类的开发，使得动物们的家园遭到破坏，为了躲避猎人的追捕，五位哺乳类伙伴决心一起逃入森林，但却遭遇重重阻碍。来想想如何帮助它们逃脱吧！

对对看 他们遇到什么危险？

物种灭绝 已经找不到一模一样的动物了。

非法狩猎 动物被坏人抓起来了。

非法买卖 动物被坏人拿去买卖。

动物小知识

台湾云豹

居住地区 灭绝
小知识
1.目前台湾地区已经没有任何的台湾云豹了。
2.猎食的时候会躲在树上，等猎物经过时再跳下来攻击它们。

台湾黑熊

居住地区 中央山脉
小知识
1.跑步速度很快，每小时达30到40公里。
2.因为胸口前有V字型的白毛，所以有"月熊"的称呼。

台湾狐蝠

居住地区 绿岛
小知识
1.台湾狐蝠跟一般的蝙蝠不同，不会使用超声波来定位。
2.大多栖息在树上。

欧亚水
居住地区 金门
小知识
1.毛皮可以⋯响毛皮功⋯
2.喜欢隐藏⋯

"全岛逃走中！"台湾地区特有种动物——哺乳类（资料来源：维基百科）

·颜色的语言

"'禁止'和'通过',你会分别用什么颜色表示?"

除了具体事物之外,还有一些抽象的感观或体验,比如"禁止"和"通过",相信很多人都会联想到"红绿灯",因此回答"红色"和"绿色"。使用能够引起沟通对象共鸣的颜色,通常能够大幅降低误解和困惑发生的概率,若应用得当,还能够提高信息吸收和记忆的效果。

"看看左图的台湾地区特有种动物哺乳类海报设计,知道为什么设计师选择用蓝色作为背景的主色调,用红色作为下方重点信息呈现的背景色吗?

蓝灰色的背景象征生存环境被破坏,以及设计师对于特有种动物濒临生存危机的悲伤,下方的红色除了警惕人们保育的重要性之外,也用渐层的红色呈现濒临绝种的危急程度。"

如果是你,会怎么配色呢?

再来看看我们与台北市社会局合作的在线懒人包，想想看，我们为什么选用绿色和黄色作为"从单次礼金到永续社福"的主色调呢？

本主题想传达的关键信息是"永续是政策推动的重要考量，也需要大家一起来思考"，所以选用绿色作为整个懒人包的主色，而黄色作为次要色用于和礼金相关的信息说明上。另外，因为想要呈现幸福轻松的感觉，所以其他的图像和图表还是少量运用了暖色系的色彩点缀，使得作品更活泼亲切。

其实仔细观察做得好的信息图表作品就会发现，其中的颜色规划运用都是大有学问的。

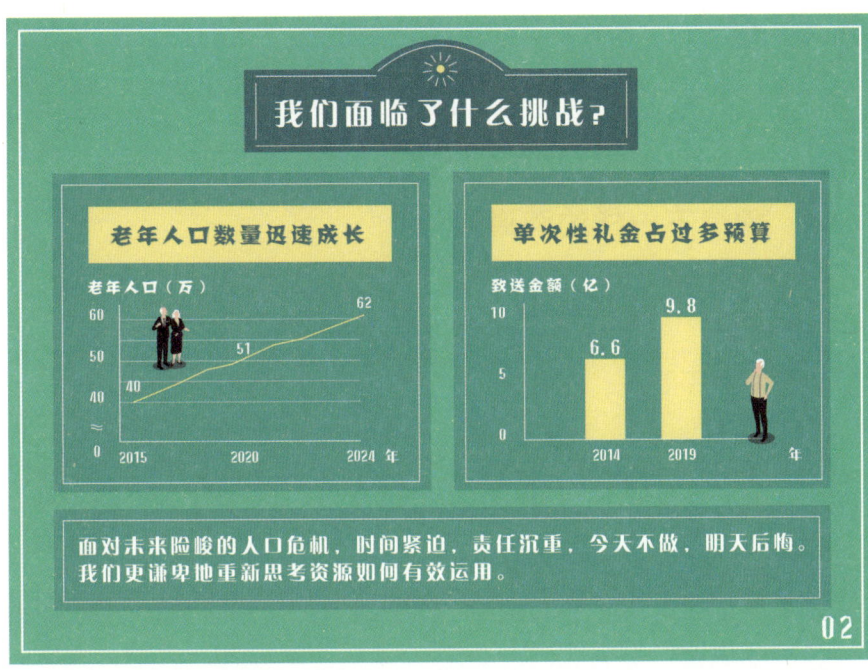

我们面临了什么挑战？

老年人口数量迅速成长

老年人口（万）

62
51
40
50
40
≈
0
2015　2020　2024 年

单次性礼金占过多预算

致送金额（亿）

10
9.8
6.6
5
0
2014　2019　年

面对未来险峻的人口危机，时间紧迫，责任沉重，今天不做，明天后悔。我们更谦卑地重新思考资源如何有效运用。

02

我们打算怎么做

单次礼金

永续建设

考量永续发展，从单次礼金预算中拨出七亿并加码二十亿，重新调整福利财收规划。

03

5 有共鸣的互动性——
创造不一样的沟通体验

建立连接与参与感

除了多从读者的角度出发思考之外，还有一些具体的面向可以着手：

· **文案设计**　最容易创造互动性的方法，可以对读者说话、用问句作开头引发思考等等。
· **引导设定**　清楚的引导让读者知道当下该做什么，该思考什么，或是让读者知道事后该怎么做，该改变什么。
· **信息提供**　提供更多信息、资源，在沟通对象的兴趣和共鸣被勾起之后，可以去哪里做更进一步的学习和了解呢？

良好的互动性案例可参考与专业社群分析团队QSearch数据合作的Facebook社群媒体季报。

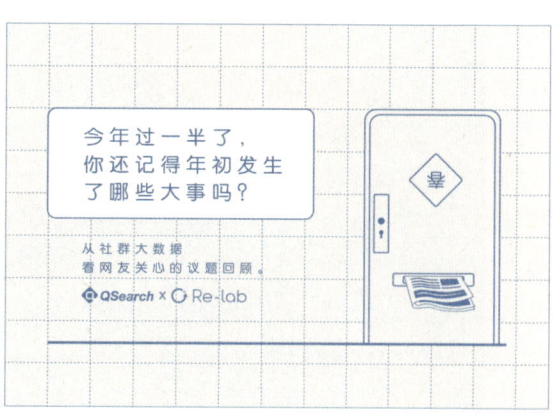

今年过一半了，你还记得年初发生了哪些大事吗？

从社群大数据看网友关心的议题回顾。

QSearch × Re-lab

来看看2015年1月到3月前十五名新闻都是什么？

① 时间处处皆有温情，感人故事最是动听。

② 市井小民行侠仗义，网路乡民键盘打气。

③ 大喜临门欢笑四溢，网友最爱沾沾喜气。

还记得 2015 年年初发生的大事吗？
前六名热门议题发酵区间

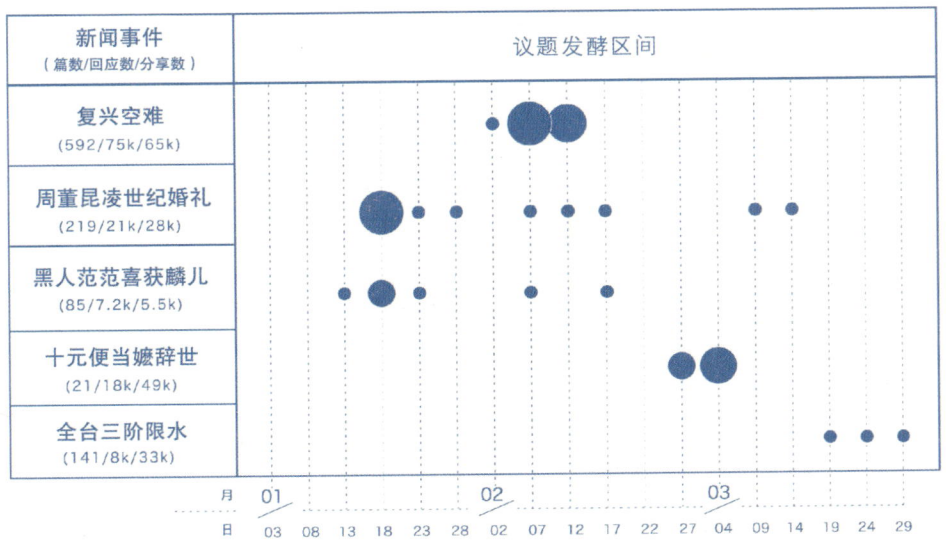

新闻事件（篇数/回应数/分享数）	议题发酵区间
复兴空难（592/75k/65k）	
周董昆凌世纪婚礼（219/21k/28k）	
黑人范范喜获麟儿（85/7.2k/5.5k）	
十元便当嬷辞世（21/18k/49k）	
全台三阶限水（141/8k/33k）	

月 01　　02　　03
日 03 08 13 18 23 28 02 07 12 17 22 27 04 09 14 19 24 29

新闻点赞数
单位：万个赞
不予采计　0～10　10～40　40～70　70～100　100

此表中，每一个点皆代表每五天该事件所累积的赞数加总。

7 常见信息图表类型

以应用形式与版面配置分类

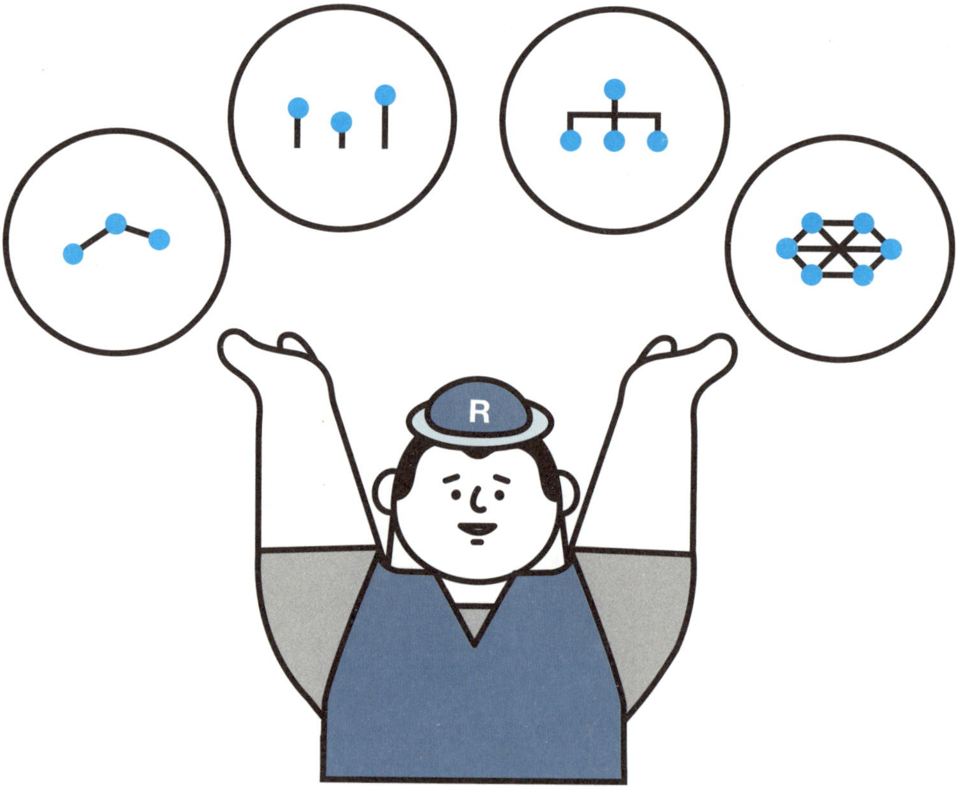

我们发现信息图表的应用形式和版面配置

这两种分类，

对初学者而言是最实用的参考。

根据适合的情境、资源和需求，

选择正确的应用形式，

才可以事半功倍；

版面配置虽然有很多在线作品可以参考，

但我们希望从构图的角度出发，

跟大家分享简单的分类，

让大家可以第一次设计版面就上手！

1 以应用形式分类

信息图表的应用形式千百种，如何选择最适合的形式呢？我们整理了最实用的几种常见应用形式，并挑选出几个重要面向做比较，让大家参考。

（1）**实体环境信息**：指标、展览内容

（2）**搭配解说**：商业简报、演讲

（3）**平面**：报告书、平面图、报章杂志

（4）**动态**：GIF、动画、实拍影片

（5）**网页**：单页式网站、互动图表

（6）**测验游戏**：在线测验、情境体验、互动游戏

其中平面、动态（以影片为例）、网页与游戏的优势各有不同，在选择信息图表呈现类型时可参考下图：

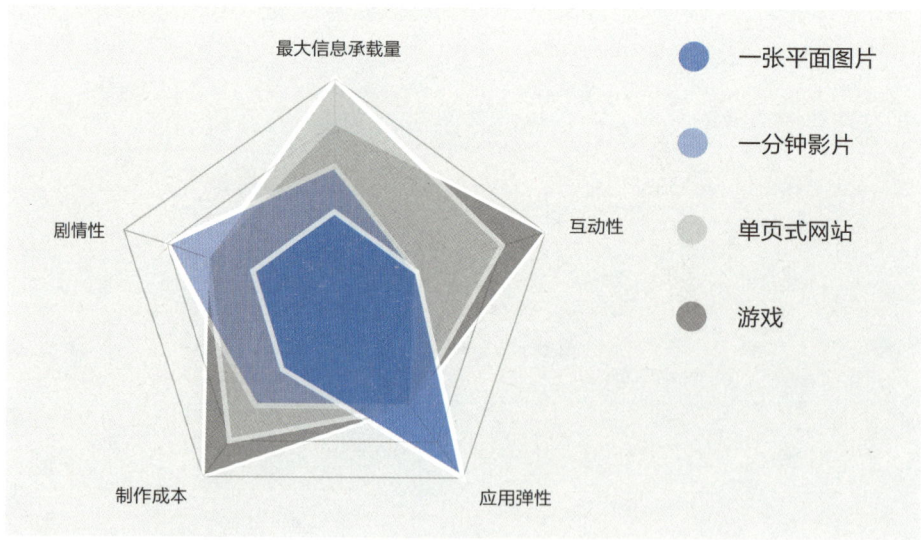

不同形式之五力比较图

2 以版面配置分类

在版面配置中，可大致分成四种类型与一综合型：

（1）一枝独秀型

画面由一个显眼的主视觉图像搭配其他次要的辅助说明信息构成。适合主题明确或是想要以吸睛的视觉主体来突显制作主题的情况。如：

图像型 重点视觉元素为非质化/量化资料的图像，如照片或插图。

如果主图设计得当，可以让人第一眼就抓到信息图表想沟通的主题，但要注意第二眼后的视觉动线及其他信息的呈现设计，才不会在第一眼后注意力就失焦了喔！

图表型 主视觉元素主体为一个质化/量化资料图表。

适合想要凸显单一图表资料的情况，但使用时要特别注意主要图表的资料内容与信息图表标题互相呼应，且相辅相成，如图表中的数据可以回应标题中提出的问题。

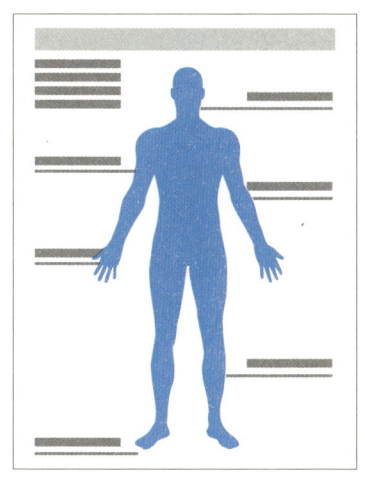

图像型：以身体构造为主题示意

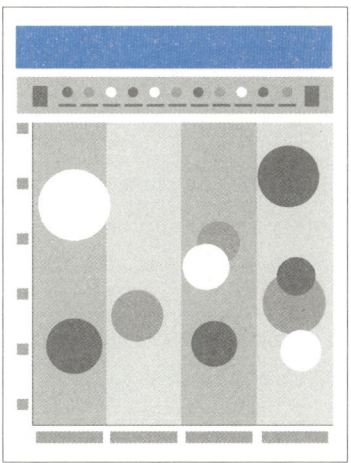

图表型：以泡泡图为主图示意

（2）网格拼版型

画面由形状、大小不一的格状区块构成，各区块面积比例相差不远。

适合呈现信息间连接性不高的内容，如"关于环岛旅行——那些重要的小事""今年新增的世界纪录有哪些"。但提醒大家，在规划版面时还是要注意信息项目间的先后关系与阅读顺序喔！如：

区块大小比重不平均、没有规律 建议根据"信息重要性"来安排各信息项目的版面面积。如果只是依照信息量的多寡分配版面面积，很有可能失去想呈现的焦点喔！

区块大小比重几乎一致 最常见的例子就是图鉴，因为每一个信息项目的重要性相当，所以整齐排列能让人更快找到想要看的项目，除此之外，在一开始"说明排列的规则和逻辑"也会对读者很有帮助。

呈现版面依照信息重要性不一而安排

呈现版面依照信息重要性几乎一致

（3）轴线型

画面中有一条明确的（有形或无形的）轴线引导视觉动线。

适合使用于需要强调信息间的顺序，或需要明确的阅读顺序引导时。如：

分解图　又称为爆炸图，如果爆炸的物件较多，建议借助有逻辑的颜色规划或轴线型的排版让读者更容易找到想看的物件。

有方向性的轴线　如时间轴、流程图，一般来说，建议让轴线的阅读方向符合阅读顺序习惯，即上至下、左至右，或者斜上至斜下。想要打破阅读顺序就要在视觉动线暗示上多费点心思喔！

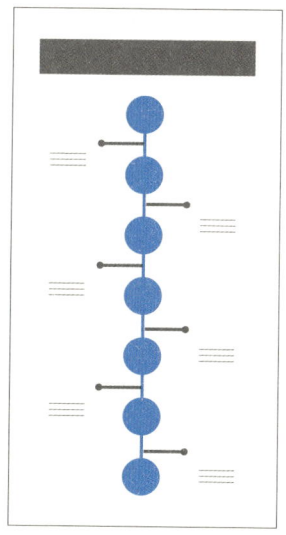

时间轴流程示意图

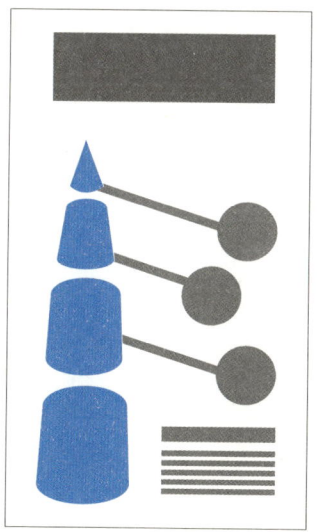

产品分解示意图

（4）网状散布型

画面由不同的图像构成，重点在于呈现彼此间的网络关系。

尤其适用于观察多数资料间的相互关系。如：生物之物种分类关系图、思维导图等。

为了使画面看起来更平均，可以使用一些在线工具，如：draw.io（较简易，适合初学者）、D3.js（较适合观察大量资料间的关系），先调整资料的分布架构，再输出至绘图软件后制调整。

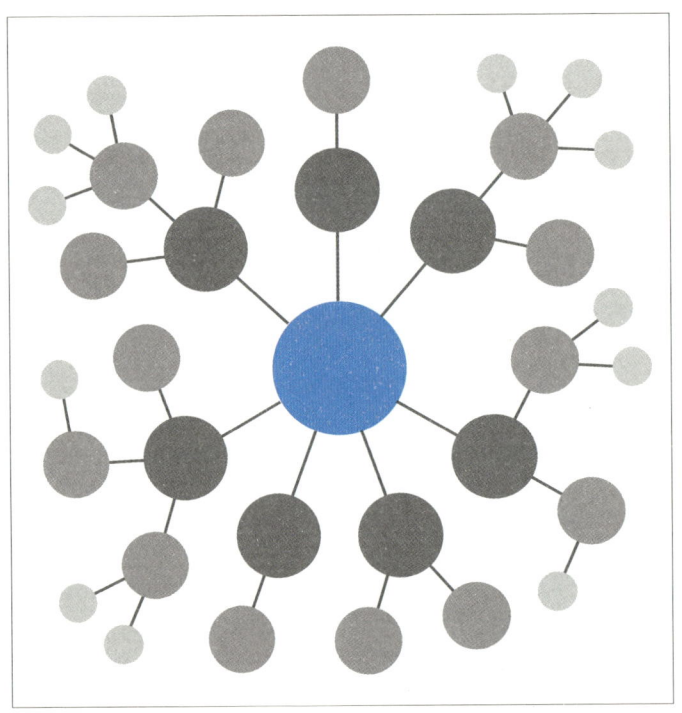

思维导图发展过程示意图

（5）综合型

视情况结合以上几种分类呈现，或是与使用情境结合的创意，但要记得别搞丢了重点。

比较适用于"报告书""阅读教材"等，反覆阅读与探索可能性较高的内容。

手边缺乏好的资料怎么办？

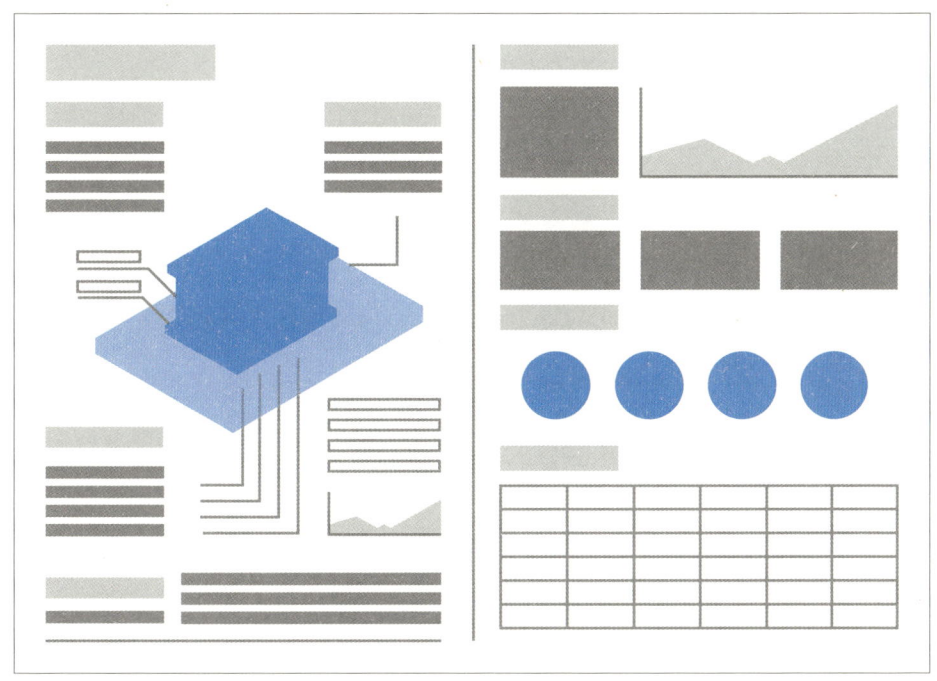

综合型示意图

手边缺乏好的资料怎么办？

推荐有公信力的资料来源：

查询知名的数据库平台

若您为大学生或是研究员，可以检视自己的所属单位是否有购买以下数据库：WOS（Web of Science Core Collection）提供跨领域的文献，从中可以找到自然科学、社会科学、人文艺术等领域的丰富资料；全球最大的索引摘要数据库 Scopus 收录两万多种学术期刊和四百多种商业杂志；EBSCO 数据库可查询多种学科领域的全文期刊或是索引摘要；医学数据库如 PubMed 可部分免费下载全文。

在免费资源的部分，可以参考世界银行提供的四个与经济领域相关的免费数据库World Development Indicators Online、Global Development Finance Online、Africa Development Indicators Online、Global Economic Monitor，以及管理部门所建置的数据库，包括台湾地区博硕士论文知识加值系统、政策研究指标研究院，里面整合了国际组织（Eurostat、OECD、WEF、World Bank等）与管理部门各种领域的指标资料，以及可进一步结合地图查询的社会经济数据库。

询问各领域权威专家

借由询问相关领域的专家可获得更多专业的意见反馈，让我们能接触到更多自行搜集无法得到的信息及意见。

取用开放资料（open data）

现在越来越多单位愿意对大众开放自己机构中所搜集、记录的原始资料，不但增加了信息的透明度，也让我们能据此做更多的利用。大家可以就想设计的议题，寻找相关的研究单位、政府单位是否释出相关的资料。在台湾地区可以寻找：政府资料开放平台，内有各级政府及事业等各单位的开放资料，也可以直接到各机构寻找其有无另行建置的平台。

利用已将开放资料进行加值的平台

很多单位也集结起来，想要利用刚刚所提到的开放资料，将资料通过如视觉化的方式加值，以发现更多有趣的事实。如：美国的 DATA USA 等。

寻找具公信力媒体平台发表的新闻

信息图表时常都是结合时事的，因此报章杂志等新闻媒体也是重要的搜集资料的途径。除了要筛选质量较佳、素质优良的媒体外，若想要有系统地查找新闻资料，大众可以通过申请公共信息图书馆的借阅证，利用其数字资源中的新闻知识库，也可以成为大家取用有价值新闻并参考其呈现方式的重要途径。

看完以上较具有可信度的二手资料获取方式，若仍觉得不够——要做的主题前人未曾做过，未有权威、可靠的来源，或认为若有第一手的资料较佳，也可以自行搜集资料，如访谈有关人士、发放问卷等，甚至可以是以在线的方式进行搜集资料的工作。这样不但能通过群众协作的方式得到大量的资料，并且还能将结果动态地呈现在网络上，随时给他人查阅与进一步利用。例如Code for Africa，此组织即在非洲进行了一些项目，设置诸如让人民可以举报假医生或投票地点的平台，以此协助彼此共同的生活，就是通过公民参与让需求的信息能快速被建立起的一个案例。

实用图表一览
BOARD OF USEFUL CHART TYPES

趋势 Trend

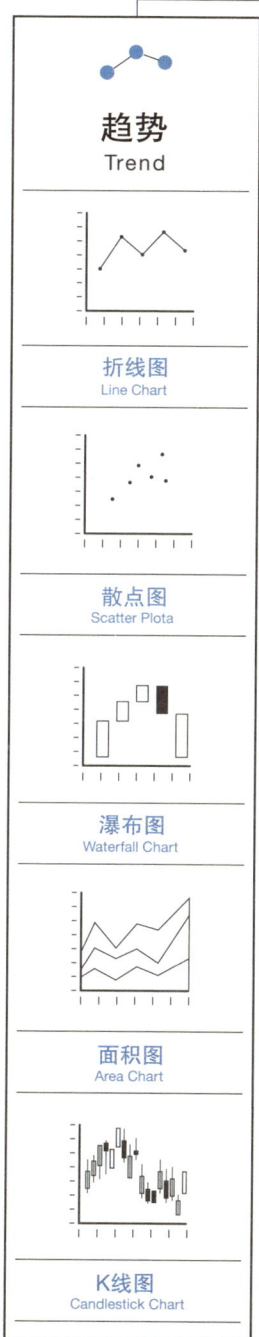

折线图
Line Chart

散点图
Scatter Plota

瀑布图
Waterfall Chart

面积图
Area Chart

K线图
Candlestick Chart

比较 Comparision

柱状图
Bar Chart

泡泡图
Bubble Chart

DATA science
DATA COMPARISON
chart
barchart zero

文字云
Text Cloud

平行坐标图
Parallel Coordinates

玫瑰图
Nightingale Rose Chart

组成 Composition

圆饼图
Pie Chart

雷达图
Radar Chart

矩阵式树状图
Treemap

桑基图
Sankey Chart

人口金字塔
Population Pyramid

关系 Relationship

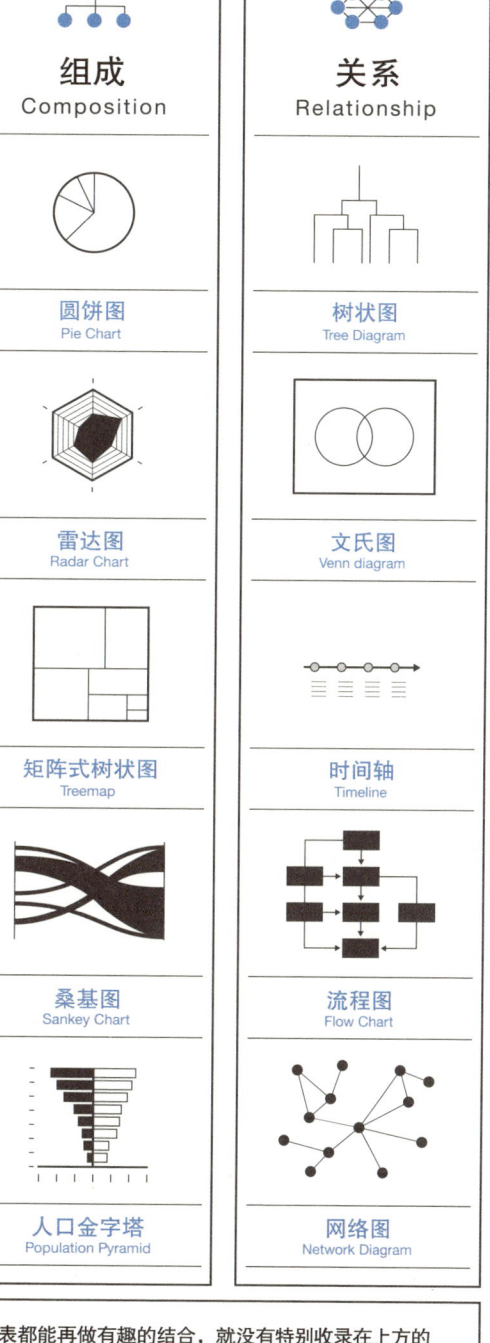

树状图
Tree Diagram

文氏图
Venn diagram

时间轴
Timeline

流程图
Flow Chart

网络图
Network Diagram

备注：地图和时间线是两个较为特殊的呈现形式，和上方的图表都能再做有趣的结合，就没有特别收录在上方的整理中，大家有兴趣可以在书中看到更多关于图表的小知识。

Chapter 2

制作案例

如何做出
好的
信息图表

1 阶段一

设定沟通目的、沟通对象及沟通主题

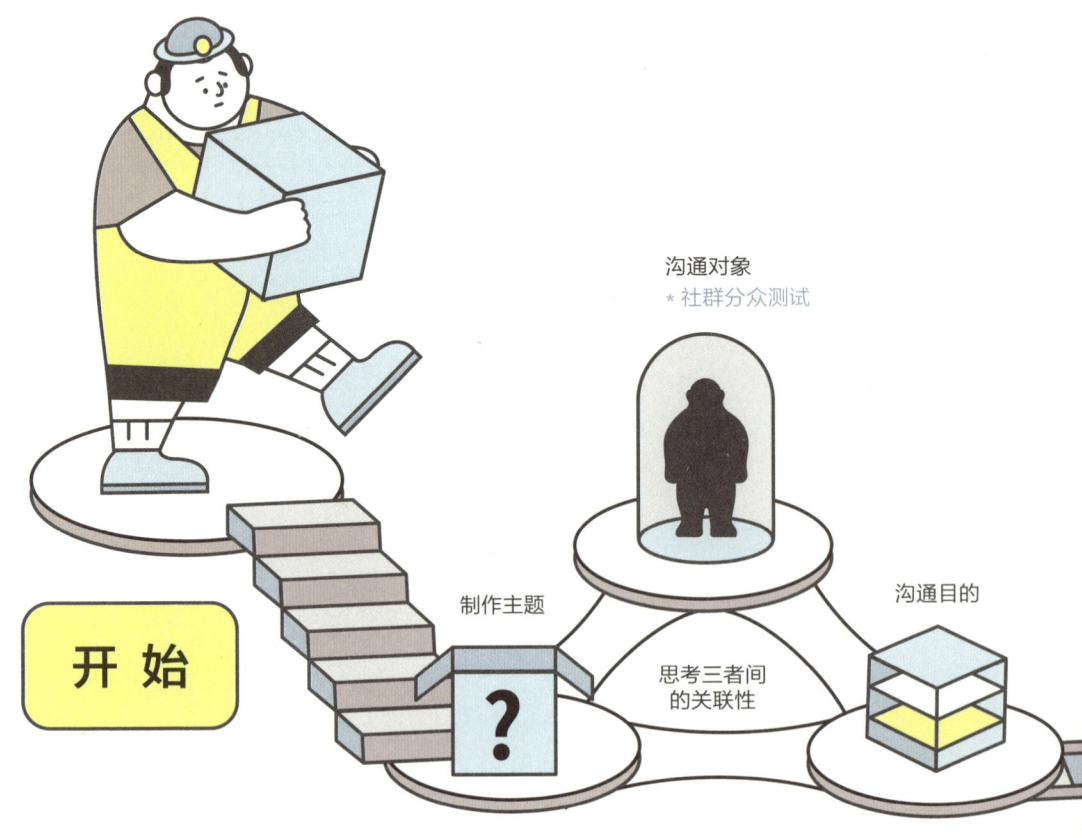

沟通对象

* 社群分众测试

沟通目的

制作主题

开 始

?

思考三者间
的关联性

设定制作主题、沟通目的、沟通对象，

这三个步骤是环环相扣的，

没有一定的优先级，

且三者间常常互相影响。

你可能已经对制作主题有了想法，

却不知道会有兴趣的观众是谁、在哪里；

也可能有明确的沟通目的，

但是却不知道什么样的主题能够达成沟通的目的。

别担心，

接下来就跟着我们一起学会找出沟通目的、

制作主题和沟通对象！

以虚拟蛀牙防治案例为例
案例学习目的
借由困扰的牙医，学习将目的爬梳分层

有一个牙医，他最不喜欢的工作就是帮病人补蛀牙，但是偏偏他服务的社区有非常多蛀牙的病人，所以他每天都要花好多时间帮病人补蛀牙……

有一天，他决定做点改变。"如果我做一张信息图表教大家正确的刷牙方法，是不是就能改善这个状况了呢？"牙医这样想。但是他不确定这样做有没有用，于是他决定询问几个朋友的意见，没想到得到了很不一样的答案：

朋友A："其实我知道怎么正确刷牙，但就是懒得刷牙……"

朋友B："原来正确刷牙方式是这样啊！我以前都做错了！"

朋友C："虽然知道应该要刷牙，但是我的工作状态让我很难做到……"

看到这里，你应该已经发现：如果想要达成"减少蛀牙患者"这个主要目的，那牙医需要完成不同的子目的，比如"说明定时刷牙的重要性""推广正确刷牙方式""提供无法刷牙的替代清洁作法"等。根据这些子目的再往下想一步，这些不同的子沟通目的就能够发展成不同的信息图表制作主题。

　　将沟通目的的层次区分清楚，适合制作的主题是不是就容易浮现出来了呢？在思考沟通目的的同时，适时地了解沟通对象的想法是不是很重要呢？（这部分的介绍请见P.67）

朋友A（懒得刷牙）—————→ 说明定时刷牙重要性
朋友B（不正确刷牙）—————→ 使其了解正确刷牙方式
朋友C（工作状态难刷牙）—————→ 替代的牙齿清洁方法传授

ABC 三位朋友的态度对应子目的

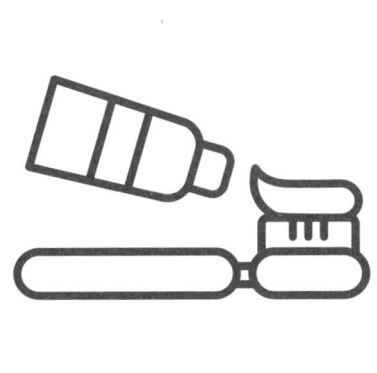

但是牙医很忙，在有限的时间里，他应该怎么做呢？

START

↓

沟通目的

1.

确定主要沟通项目，写下次要目的

将最重要的沟通目的写在最上方的圈圈里，接着将想到的次要目的写在下方的方格中，这时候除了站在沟通对象的角度设想之外，也可以像牙医一样问身边的人。

↓

沟通对象

2.

根据不同的次要沟通目的，
写下沟通对象并列出重要的沟通顺序

和朋友讨论完以后，牙医列出可能的沟通对象，接着把过去的蛀牙病例调出来看，发现大部分的病人都没有定时刷牙的习惯，可见让社区居民了解定时刷牙的重要性才是当务之急。

↓

3.

将设定好的沟通目的、
沟通对象及制作主题写下

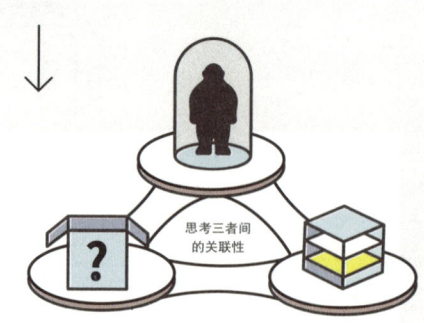

思考三者间的关联性

把主要的目的写在中央，这次制作的目的、沟通对象及制作主题分别写在周边三角，建议将此设定写在时间规划旁，在制作过程中时时提醒，才不至于偏离。

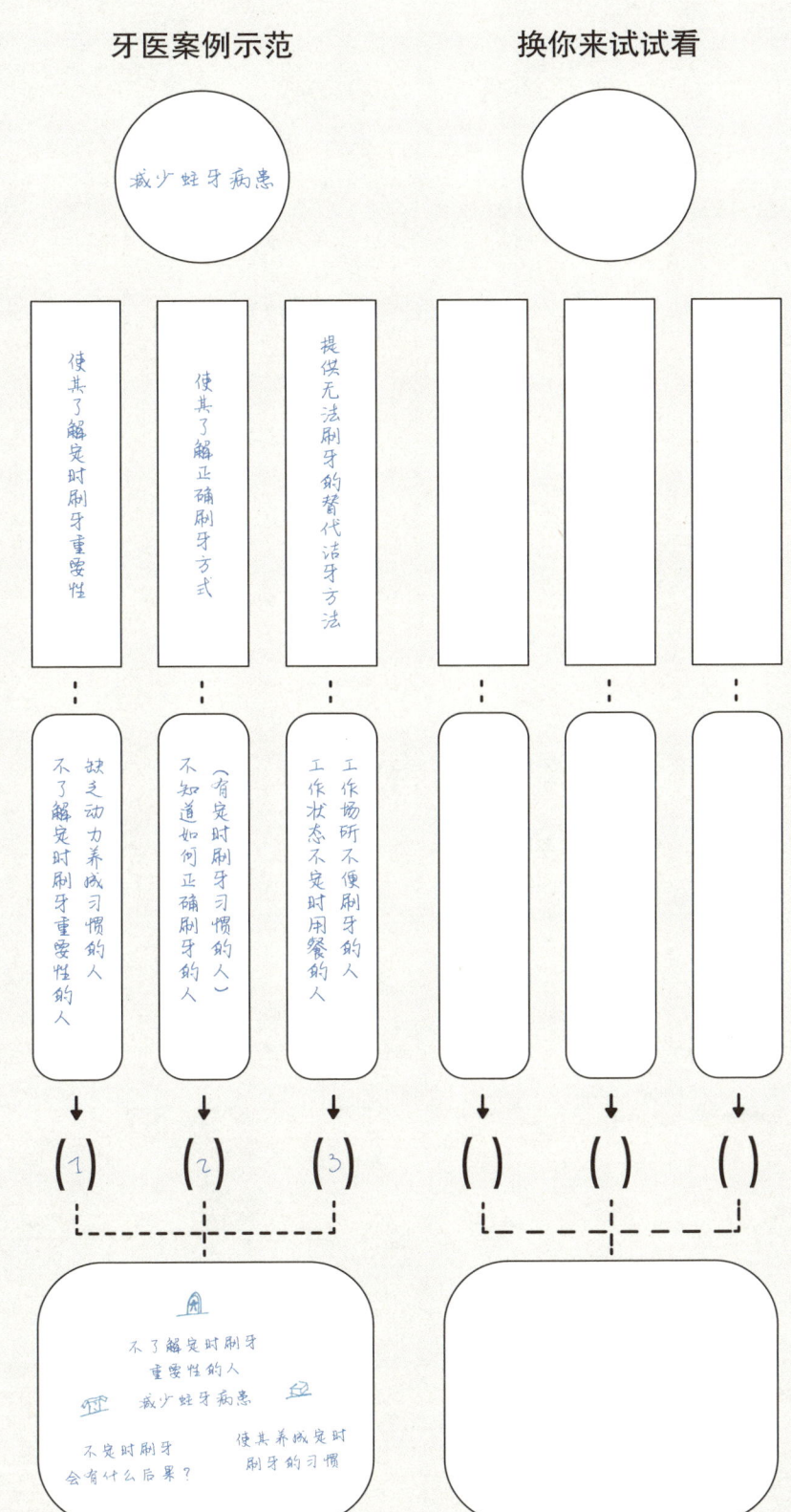

牙医案例示范　　　　换你来试试看

减少蛀牙病患

使其了解定时刷牙重要性　　使其了解正确刷牙方式　　提供无法刷牙的替代洁牙方法

不了解定时刷牙重要性的人　缺乏动力养成习惯的人　　（有定时刷牙习惯的人）不知道如何正确刷牙的人　　工作状态不定时用餐的人　工作场所不便刷牙的人

(1)　　(2)　　(3)　　( )　　( )　　( )

不了解定时刷牙
重要性的人
减少蛀牙病患

不定时刷牙
会有什么后果？　　使其养成定时
刷牙的习惯

如何设定沟通对象

有时候我们不太确定如何设定更精准的潜在沟通对象，

此时可进行社群分众测试，

这是Re-lab灵活运用AB测试原理变化出来的方法，

简单又实用！

以环境信息协会
减少一次性使用物品项目为例
案例学习目的
借由扩大环保受众的例子，学习社群分众测试

前情提要

环境信息协会（以下简称环资会）发现在海洋废弃物中，"一次性使用物品"（塑料袋、吸管等）的垃圾数量总是在前几名，他们希望能降低"一次性使用物品"的垃圾产量。但是，通常这些较常使用"一次性使用物品"的群众，相对比较不关心环保议题，所以是环资会较难接触到的族群。因此希望建立一个宣传活动，让相关信息能够触及对环资会比较陌生的群众。

沟通目的

希望推广"一次性使用物品"造成海洋污染的相关信息，进而减少塑料袋、吸管、免洗餐具等的使用量。

沟通对象

未知：环资会不太确定除了关心环保议题以外，还有哪些潜在的群众会关心这议题，但希望能跳脱以往环保议题容易接触到的同温层。

沟通对象的假设与验证

方法说明： 我们根据假设，分出三种社群分众，并用三种问卷确认成效。

（1）假设沟通群众

我们跳脱一般对环保有兴趣的族群想象，拓展可能有兴趣的族群。经过初步的测试和讨论，决定用"生活质感"作为核心来连接"环保概念"与"一般大众"。我们假设在意生活质感的人对于使用有质感的物品的实践力更高，因此减少使用一次性物品（如塑料袋、吸管等）的诉求更容易达成，且每次使用有质感的生活用品代替一次性物品，能够及时产生正向反馈，让使用者感受到质感生活带来的美好；另一方面，也可以避免主打环保诉求造成沟通群众的压力。

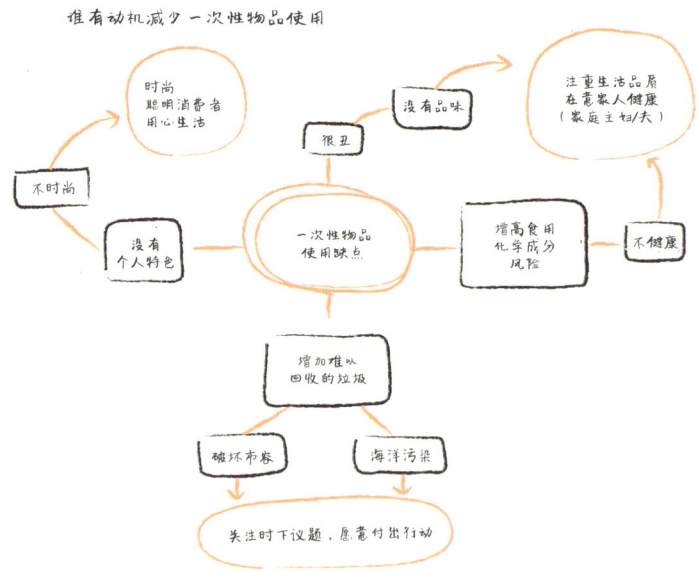

初步讨论的创意思维过程图

（2）尝试进一步描绘沟通群众的样貌

较喜欢自己动手做料理、喜欢去咖啡店、对自己的生活主控性较高、有规律运动习惯等。在这个阶段，大家的意见很容易产生分歧，毕竟每个人对"质感生活"的想象都不一样，不过没关系，我们将每个人提出的想法列出并进行分类：

A 关注时尚品牌，并认同聪明消费与用心生活的人（20—40岁）

B 喜欢关注时下社会议题和时事，
甚至有所行动的年轻人（18—30岁）

C 注重品位及家人健康的年轻家庭主妇（25—40岁）

（3）在社群上做快速测试，以得出结论

分别为这三种群众做出不同的设计文案与图像，并且设计了一份问卷让我们更了解测试群众的想法（三种贴文文案及图像设计请参考P.72—P.77），接着与环资会合作分别发出三篇贴文，并且通过不同的关键字做少量广告预算，以触及我们假设的族群。例如，族群一的关键字为时尚品牌名称、相关时尚社群等。

简单分析贴文成效： 观察三篇贴文分别的触及人数、赞数、分享数、留言数及问卷填答率和问卷的填答内容。当时测试花了三天，第三组共搜集了五百份问卷，第一组搜集了两百份，第二组搜集不到一百份。根据这样的结果，我们便决定以第三个群组作为沟通对象群众——重视美感及生活品位，对于消费有自己的想法且兼顾实用性的女性。（本案例后续发展请看下一单元）

族群20—40岁
关注时尚品牌，
并认同聪明消费与用心生活的人

"Buy less. Choose well. Make it last."

时尚教母的一句话点出生活本质，对于物品使用的选择与态度展现了对时尚的诠释。这个观点也可以应用到其他生活品位，用质感好的餐具，比起每天使用廉价的免洗餐具来得更有态度。

在获得美丽的生活之余，同时也对环境付出一分关系，不正是一种甜蜜的负担？于是，关于美好生活，我们与台湾地区环境信息协会合作，想要发起一系列"减塑美学：质感生活每一天"提案，实践生活品味，让每一个时刻的生活都展现美感。如果你愿意并赞同我们的理念，请帮助我们填写问卷，厘清大家对这个计划的想法，了解有多少人愿意响应一起完成。

每一个意见，对我们都至关重要。

（附上问卷链接）

Buy less.
Choose well.
Make it last.

族群 18—30 岁
喜欢关注时下社会议题与政治运用，
甚至有所行动的年轻人

我们要完成促进减塑新生活的神圣事业！

大量的一次性物品使用污染了市容，重回简单的质感生活，是我们的诉求！少用一次性消费物品，好的物品经得起时间的考验。生活回归本质，朴实的城市与自然融为一体，生生不息，养育着一批批的热血/有志青年。

我们要一起严正打击破坏生活质感一次性物品的使用！

全世界人民团结起来，生活新质感需要从你我开始！团结的市民，才能为这个城市带来正义曙光。英雄可以是任何一个人，只要你愿意加入我们减塑新生活的行列，填写问卷，就可以帮助我们更加了解大家的想法，并继续进行这个计划。

（附上问卷链接）

今天的塑料袋
是明天的敌人

PLASTIC
BAG
MOVEMENT

族群 **25—40**岁

注重品位及家人健康的
年轻家庭主妇

　　为什么有人的用餐照可以美得像杂志一样而自己的却像渣？

　　为什么总是在羡慕别人朋友圈分享的生活美照而自己却无法拍出一样的照片？

　　生活中处处所见的一次性物品是生活质感的最大杀手。

　　我们推广有品位的生活，而不是狼吞虎咽地过日子。

　　我们相信，持之以恒地注意生活小细节，在使用各种物品前多一层思考，质感生活其实并不遥远。因此，我们与环境信息协会合作想要发起一个"减塑美学：简单过质感生活"提案，让大家只要比平常付出多一点点心力，就能过上质感大大提升的生活。

　　如果赞同并愿意参加这样的计划，请帮我们填写问卷，让我们知道有多少人愿意响应，也能帮助我们厘清大家的想法，继续努力推进这个提案。

　　（附上问卷链接）

Q

一定要有明确的沟通对象吗？

沟通对象不能是"一般大众"吗？

沟通对象到底要设定得多精准才好呢？

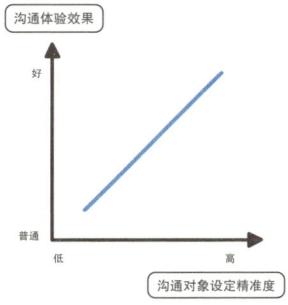

A

沟通对象越精准，越有助于确立沟通方法、需求和达成效果。"一般大众"是我们询问客户沟通对象是谁时，最常得到的答案，这两三年更流行的答案是"所有网络使用者"。其实这并没有绝对的好坏，只是整体而言，沟通对象设定得愈精准，就愈能够针对其需求和沟通偏好进行设计，在信息的取舍上也能更贴近沟通对象的想法、更有效地引起兴趣和共鸣。

换句话说，沟通对象的群众设定愈准确，沟通对象的体验和效果就愈好，但是相对地，制作及沟通成本也可能更高，因为表示你需要花更多的时间去了解沟通对象，并且针对不同的群众进行设计上的调整。

设定好"沟通目的""沟通对象""沟通主题"了吗？我们要进到下一个工作阶段了。

2 阶段二

时间规划

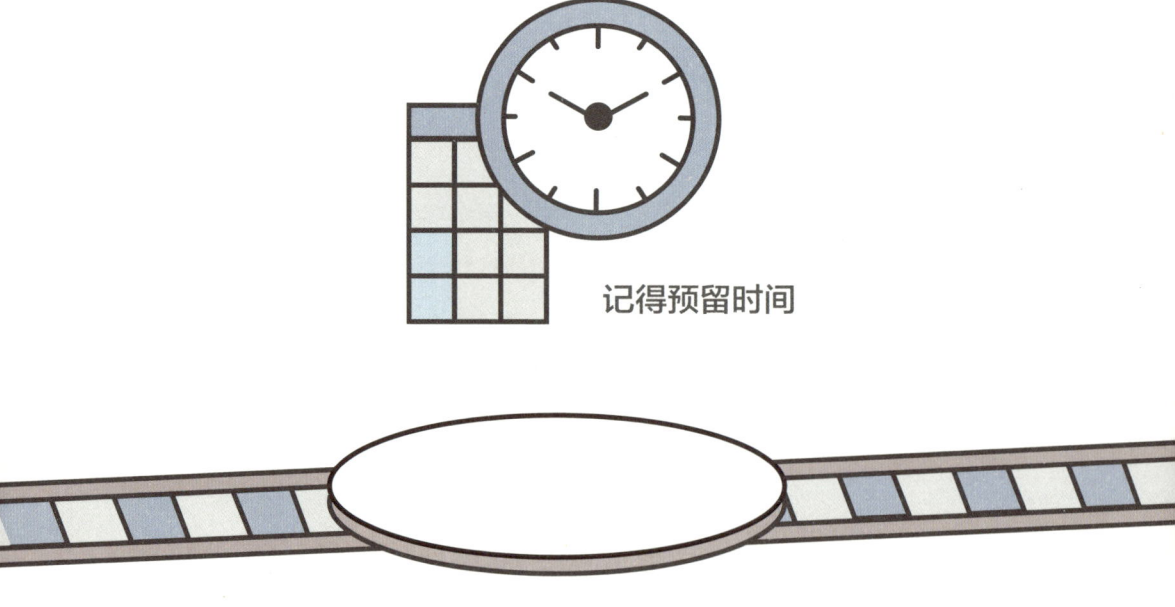

记得预留时间

别小看这个步骤!

做好时间规划才能将时间做最有效的运用,

并且作为每次检讨与下次制作时

评估时间的重要依据。

不论是团队合作,

还是个人独立工作,

泡泡时间规划法都能让你更快速

掌握时间资源的分配运用!

三个步骤让时间规划变得一目了然

以水果年历海报为例

前情提要

虽然台湾是水果之乡，但很多人对于吃水果却有很多错误的迷思，在一次和营养师共进早餐的过程中，这个美好的计划就展开了……

1　标上重要日期

概念创意　因为本次作品形式为海报，因此需要在制作的前置规划时同时思考概念创意。

搜集寄送资料　除了作为寄送给合作客户的贺年礼之外，本作品也希望可以分享给其他有需要的朋友。

★补充　如果是与客户合作的项目，可以标上需要与客户确认的阶段日期；若是社团组织的计划，可以标上相关活动的重点日期、作品必须完成的日期等。

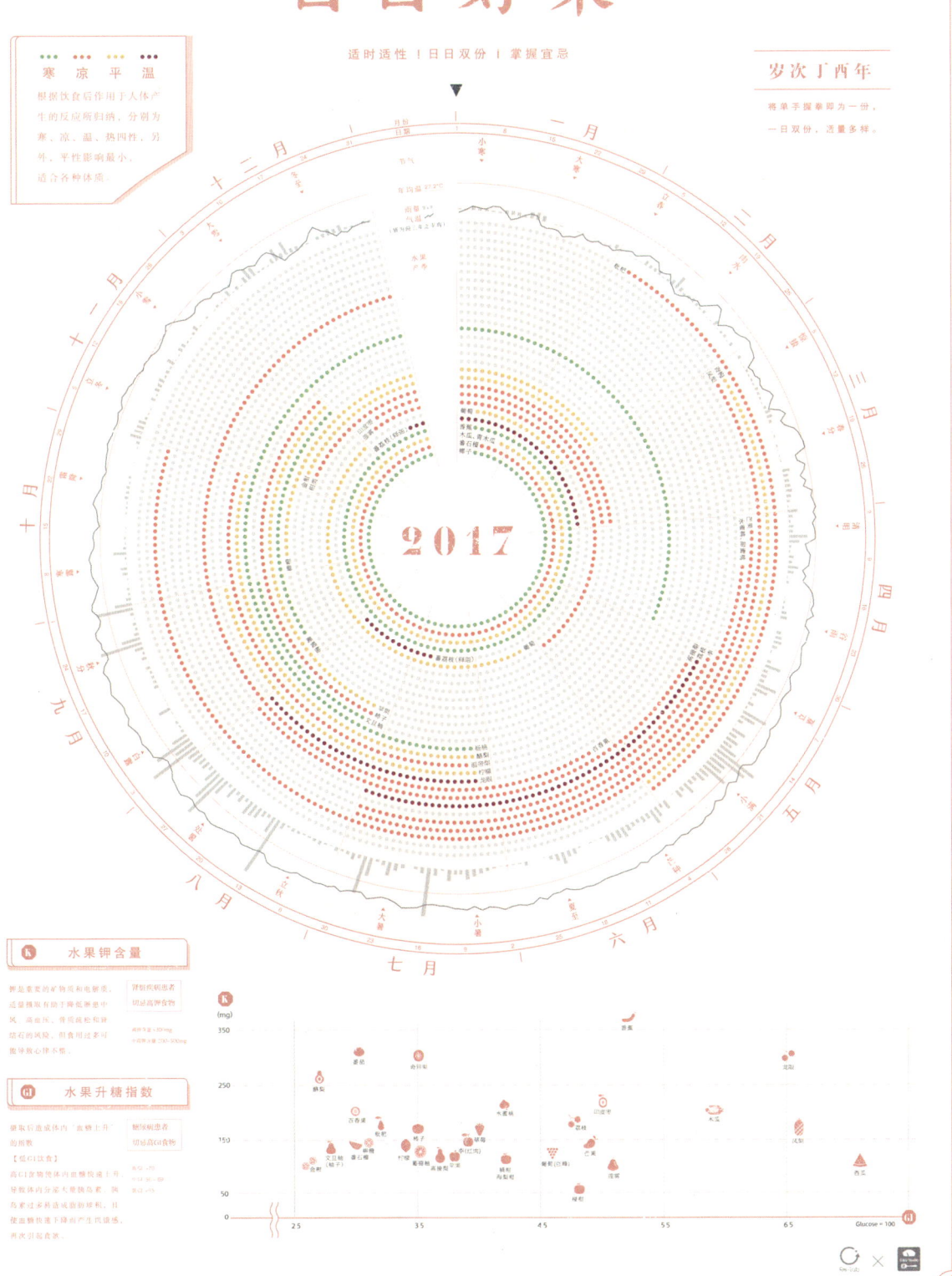

2   调整泡泡大小

缩短研究信息时间   因为本次制作展开前已找到可靠资料来源：农业事务主管部门网站、Co-fit专业营养咨询合作伙伴数据库，且有专业营养师协助进行资料确认。

拉长信息结构设计时间   本次制作想挑战将大量资料呈现于单张海报画面中（过程中也需要程序工具协助将资料视觉化），因此预设较多信息结构设计的尝试时间。

拉长制作时间   水果年历的制作大致分为两阶段，先将大量资料用程序视觉化，做成预想的图表形式，再汇入绘图软件中后制，所以预留了较多制作完稿的时间。

★**补充**   在调整时，你可以思考这些问题：

·你对这次制作资料的了解掌握度高吗？

 高——缩短信息研究天数；低——拉长信息研究天数

·你对这次的沟通对象熟悉吗？你清楚本次沟通内容与沟通对象生活的连接吗？

 清楚——缩短信息研究天数；不清楚——拉长信息研究天数

·你较擅长严谨的信息架构规划，还是设计创意思维？

 较擅长理性逻辑思考——缩短信息研究整理及信息架构设计时间，增加沟通对象研究及设计规划制作时间；较擅长创意思维设计则相反

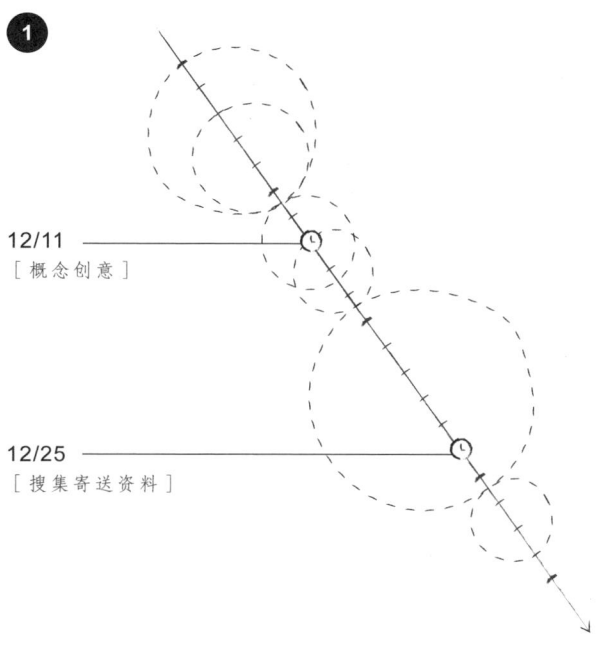

1

12/11
［概念创意］

12/25
［搜集寄送资料］

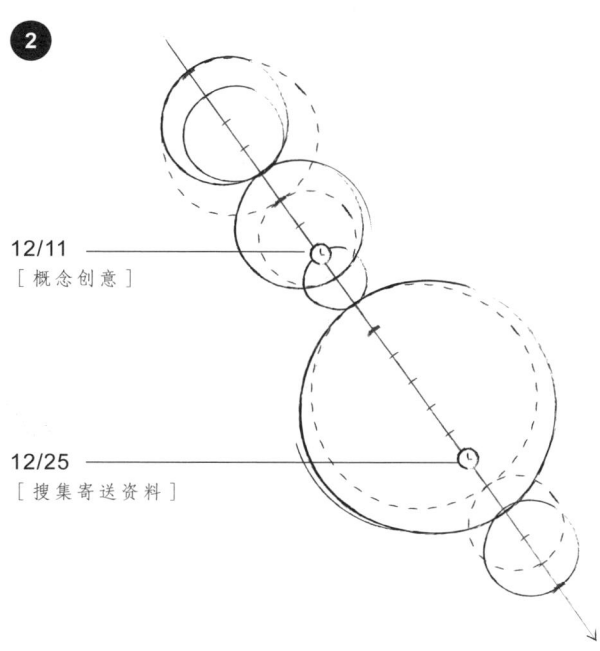

2

12/11
［概念创意］

12/25
［搜集寄送资料］

泡泡时间规划三步示范

3 标上其他任务图示

与营养师确认信息内容（12/6）　　与相关专业确认资料　　沟通效果测试

进行测试并搜集反馈（12/27）　　与沟通对象进行访谈　　预计完稿日

海报完稿送印日期（12/30）　　★当然你也可以设计自己的图示喔!

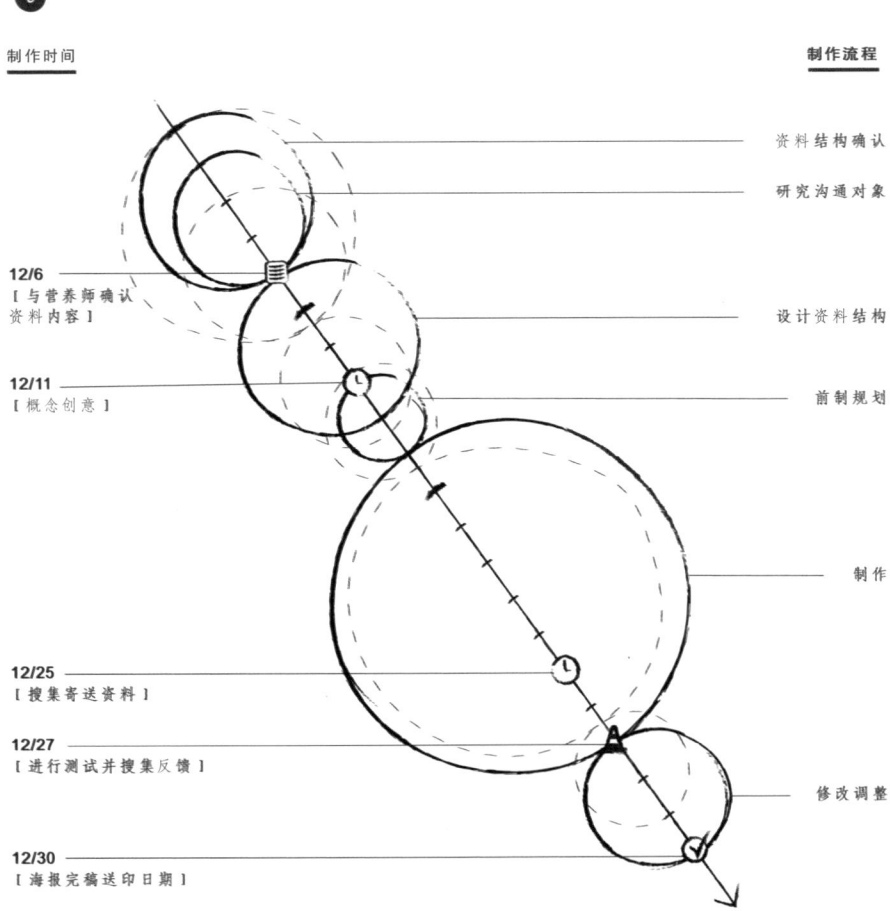

3

制作时间

12/6
[与营养师确认
资料内容]

12/11
[概念创意]

12/25
[搜集寄送资料]

12/27
[进行测试并搜集反馈]

12/30
[海报完稿送印日期]

制作流程

资料结构确认

研究沟通对象

设计资料结构

前制规划

制作

修改调整

你来试试看

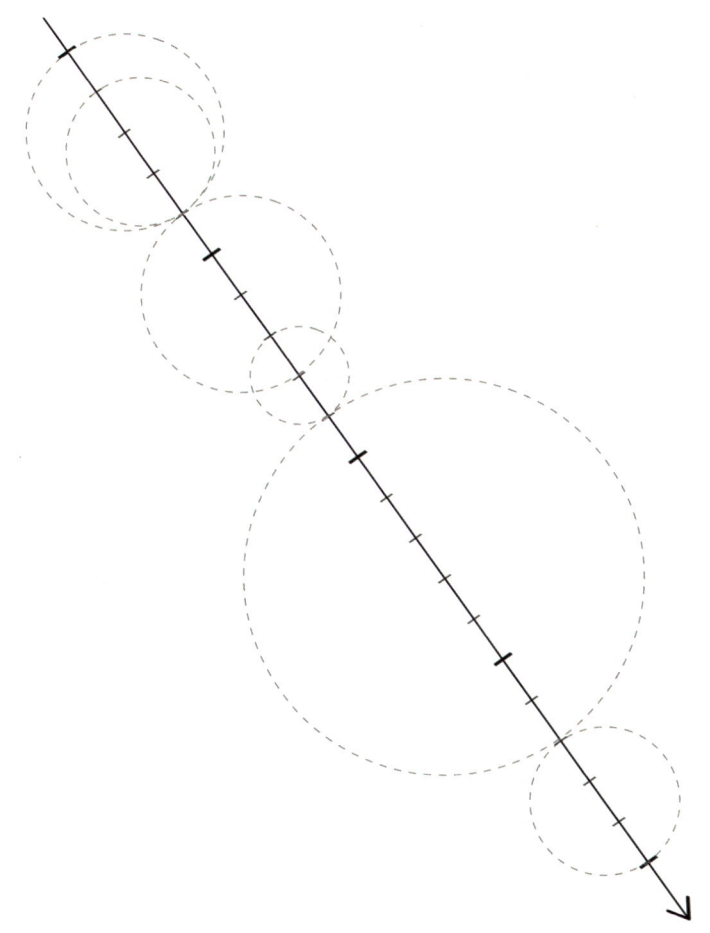

3 阶段三

研究沟通对象和信息内容

信息内容

消除主观成见

↓

资料收集、解读、确认

↓

与相关专业确认

沟通对象

通过访谈更深入了解沟通对象

*图片访谈法

以贴近实务为目标，

通过观察、记录真实使用者的需求、动机、行为，

并有系统地统整、

分类这些来自第一手观察的资料，

归纳出能够具体运用在改善产品或服务上的洞见。

对信息设计而言，

达到沟通效果是设计的最大目标，

通过使用者研究能够让制作者跳脱自己主观的判断，

更贴近沟通对象的需求和思考方式，

进而对使用者产生更大的影响。

为了更进一步了解我们的沟通对象，我们尽可能从填答问卷的民众中找了六位平均年龄为二十五岁的受访者，访问的大纲主要分成：基本资料、消费习惯、对生活品位的想法、对环保的认知四大类。

"对生活品位的想法"是这次访谈的重点，像这种比较抽象的问题，是说也说不清的，因此借由图片传达，让读者能有具体情境或物件可以发挥、说明自己的想法。

我们准备了一个舒适的房间，一次面对一位受访者，并预设了一些可能符合的生活情境或活动，挑选了约三十张照片，让使用者在访谈过程中挑选、排序。我们提出的问题象是："请选出六张你认为最符合质感生活的照片。""为什么你觉得这张照片符合你对质感生活的想象呢？"另外也询问使用者喜欢的品牌等问题。借此我们得以更具体地确认受访者对"生活质感"的想象，也能更深入探讨使用者的价值观。

这次访谈的一开始，每个受访者对照片的选择都很不一样，但进一步归纳，我们发现三个收获：

（1）受访者每每在描述质感生活时，都环绕着"时间"这元素（尽管他们从来没有自己说出"时间"这个词），他们乐于享受每一个美好的当下，而不是追求外在的效果和刺激。在发现这个有趣的共通点后，我们又更进一步跟受访者确认，结果他们一致认同："质感生活的关键就在于'时间'有没有被妥善地运用在自己认为有价值的人、事、物上。"

（2）自然的环境和元素总是让他们向往，觉得舒服而没有压力，不自觉地想亲近。

（3）怕麻烦别人。许多时候想要拒绝店员给的吸管、塑料袋，甚至想用自己的饮料杯，但却担心影响下一位客人，或是造成店员的不便。罪恶感隐隐在心口，"不"却说不出口。

深入了解受访者的想法很重要，因为这对于之后发展沟通策略将会非常有帮助，我们能够用更容易引起沟通对象共鸣的方式，达成"减少一次性使用物品的用量"的诉求，同时降低教条式倡导造成的压力。

本次合作第一阶段的任务是制作一段九十秒以上的影片，环资会很希望影片能够达到五百次分享，通过访谈获得的收获，我们提出了三个建议：

（1）将影片拆解成三段三十秒的影片，每一段影片点到一个重点即可，不要贪心。

（2）动物有趣又好记，因此用动物的特征，结合一次性使用物品的功能做示范，并且针对上述结论第三点，让使用者习惯拒绝店员提供的一次性产品。

（3）将熟悉的生活情境巧妙地融入在影片里，影片节奏不用快，慢慢地，跟着蝴蝶、螃蟹、袋鼠等自然元素（上述结论第二点）的步调过生活，暗示观众你也可以这样做。

继续发展

第一段影片（蝴蝶吸管篇）在粉丝专页"环境共和国"上线不到二十四小时，就在没有做广告的前提下破了千次分享数。当时合作的窗口开心地跟我们说："我觉得像做梦一样！"让我们也很高兴！后来环资会想要了解这系列影片是否能够真的吸引当初设定的沟通对象，因此我们尝试对前面设定的沟通对象做了一点广告做测试，结果发现反应也非常好，每个平均点击费用为0.002美金，相信如果后续有搭配活动或其他宣传策略，还能够再创下更好的佳绩！

跟着动物一起说不：蝴蝶篇

跟着动物一起说不：袋鼠篇

跟着动物一起说不：螃蟹篇

如何研究信息内容

要在毫无头绪的资料中找出值得一提的"故事"，

就要先找出资料之间的隐藏关系。

如果想要培养这种洞察力，

就要从每一次的实际操作中累积——弄清资料的性质，

选择最适合的处理方式。

以下以三个资料类型不同的例子来说明。

分析原始量化数据
以一些县市薪资所得观察为例
案例学习目的
一般取得的数据资料，会经过的基本处理

一份资料可能隐含了各种可能性，但我们只需要把握几个大原则，就可以从资料中找到其特点。接下来我们就用大家都容易取得，也跟大家息息相关的资料——"薪资所得"，来说明一下该怎么观察资料。

假设我们今天想了解台湾地区各城市的薪资所得状况，首先我们可以从管理部门开放资料平台上取得2012年所得税的资料，并从中撷取薪资所得的数据来使用！撷取部份资料整理如下表：

算一算，总共有二十二个县市，不过，为了避免一开始太吓人，我们先取薪资所得前五名的县市出来解说好了。

把资料贴到Excel里面，我们就可以开使用图表工具来画图了！

县市别	纳税单位	营利所得	执行业务所得	薪资所得	利息所得			其他所得	稿费所得
台北市	855978	2124152	2342740	54755889	1059584			1974861	54118
高雄市	683971	638389	851232	16321660	240179	...		393989	5152
台中市	682256	665605	840398	14898259	261261			282914	7082
基隆市	104683	52995	45952	2073975	15635			40836	779
⋮	⋮	⋮	⋮	⋮	⋮			⋮	⋮
金门县	29423	18243	13618	683705	29423			9806	143
连江县	3276	2233	796	95851	3276			550	0

原始薪资所得资料

排排队——总量的比较

将薪资所得的前五名取出来后，我们很快发现，台北市的薪资所得遥遥领先，新北次之，而高雄、台中则表现差不多。这代表什么呢？台北第一、新北第二吗？还有哪些资料值得我们继续发掘？

站在一样的起跑点—— 一致的比较基准

反应快的读者可能会发现，资料中每个县市人口数是不一样的，人口越多，收入总和就越多，因此直接比较是不公平的。所以，接下来我们必须要"标准化"这些数据：将各县市薪资所得，除以各县市的纳税单位（纳税人数），即可以得出平均所得。（平均所得=薪资所得÷纳税单位）

根据平均所得的数据，将会发现台北市还是遥遥领先，此时我们已经可以信心满满地宣布：台北市是这五个县市平均薪资所得最高的城市。另外，从这张图也可以看出，在总量部分，原本第二名的新北市领先第三名的高雄市几乎快要一倍，但平均下来看之后，新北市其实和其他县市的所得水平也是差不多，可见它就是属于因为人口多，而把总量冲高的类型。

所以，看完上面的例子，请记得"一致的比较基准"很重要，因为这样的比较才是真的有意义。不过你或许会问：这份资料这样就用完了吗？怎么可能！只要仔细观察，从资料中是可以看出很多故事的！

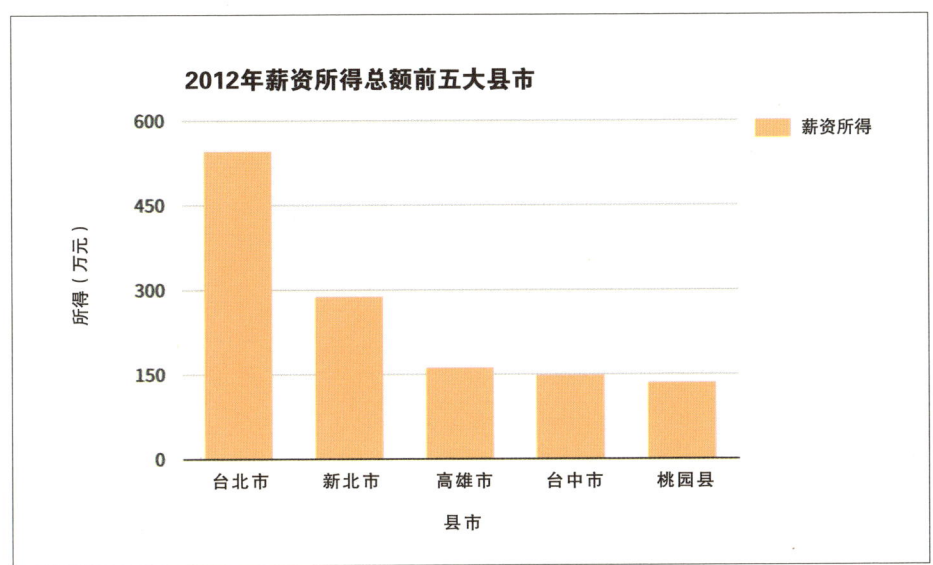

总量比较

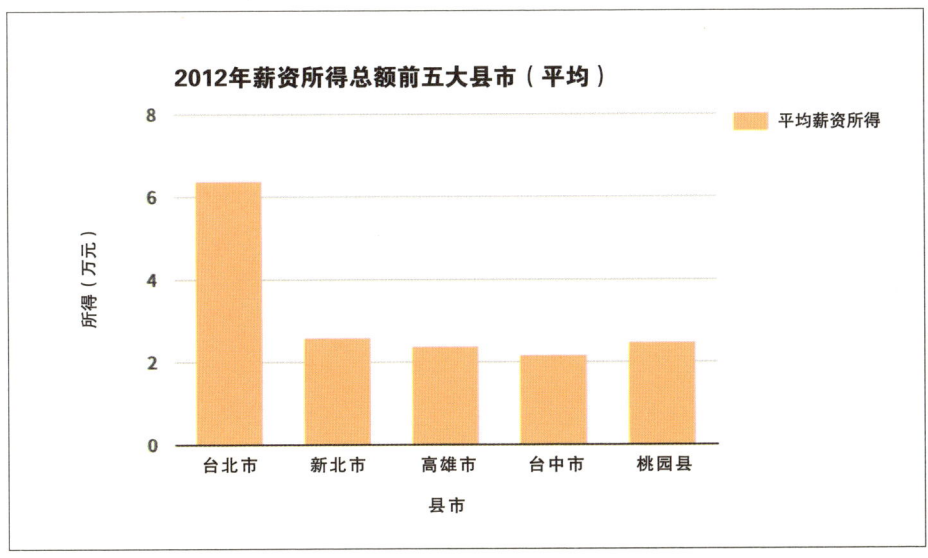

平均所得比较

平均值

如果我们想了解台北市到底多会赚钱，要怎么知道？

这时就要带入平均的概念了，把全部的县市的数字都加起来，再除以县市个数，就能得到台湾地区的平均值，如此一来就能比较每个县市总收入距离总平均的距离。

从这张图，我们看出全台湾地区只有六个县市的所得高于平均（24,156元），显示出所得集中在某些地区。（而且大家有没有发现，平均所得的前五名和刚刚的所得总额前五名是不一样的！）

第一排和最后一排的差距：观察离散程度

再让我们观察一下，台北市平均所得最高（63,968元），云林县则最低（13,575元），1个台北人的收入接近5个云林人的收入，哇！是不是满惊人的。

另外，我们也可以计算出全距是50,393元，而全台湾的平均所得，根据刚刚算出来的结果，是24,156元，全距超过两个平均值，看来，城乡的所得差距真的不小呢。

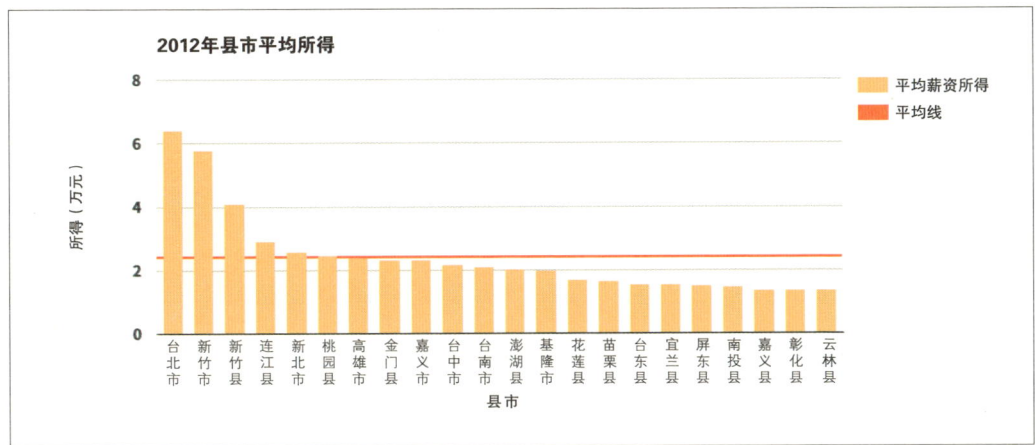

平均所得与平均线

同场加映
时间趋势

我们另外也搜集了一份有趣的资料，是2014年度台北市的所得税在线申报日期统计，我们可以简单地看出大家都在什么时候利用网络报税：

从中可以看出一个规律：周末比较少人申报所得税，整体趋势是随着时间推近，就愈多人报税，尤其最后一周更是增量惊人！看完这张图，你就会知道想避开网络塞车的话，最好在什么时段申报所得税了吧！

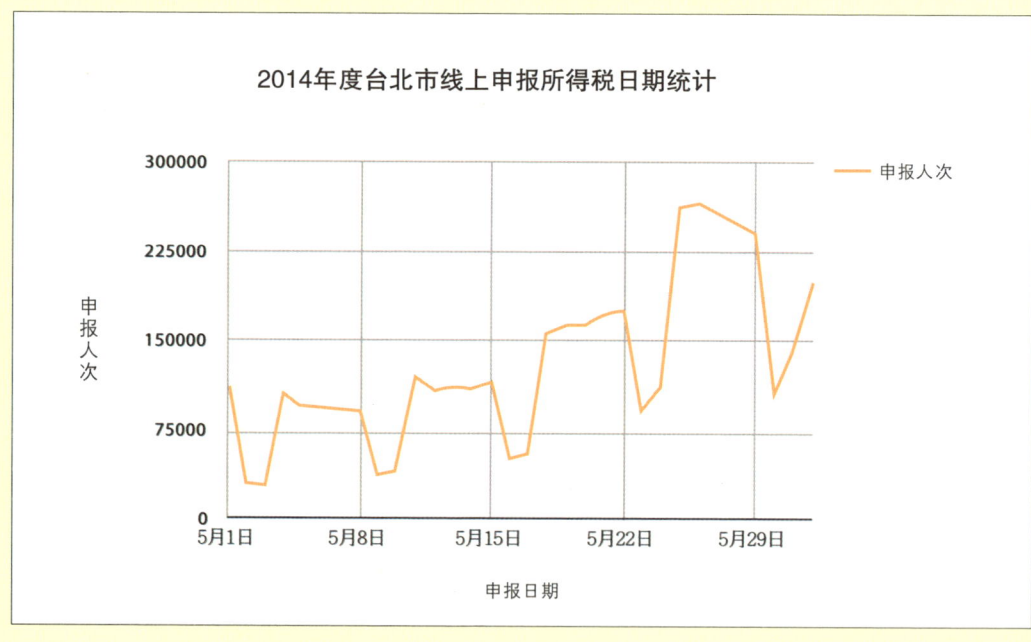

台北市在线申报图

分析解读过的量化资料
以十大癌症时钟报告书为例
案例学习目的

专业分析资料经常需要专家的协助解读

前情提要

每年四月健康管理部门都会发布"十大癌症报告书",各大媒体都会在报告书发布的前一周去管理部门取得报告资料,并同步发布新闻。一般媒体需要迅速地发布新闻,因此资料处理的时间很紧迫,报告呈现往往以文字为主,就算制成图表也只能简单地将单一的数据视觉化,如十大癌症排行榜。因此,我们希望能将更完整的报告数据视觉化,并且让更多熟悉网络社群的年轻人也接触到这个重要的信息。

为了争取更多时间制作图表,我们先研究过去几年的报告内容,设计好图表格式,希望能在正式发布日期后尽快推出"十大癌症报告书"信息图表,让大家看到不同以往的呈现方式。

沟通目的

更全面地呈现数据,并加入不同面向的比较,让读者可以从数据当中检讨反思数据背后的原因,而不仅止于揭露单一数据。

制作主题

将每年健康管理部门发布的癌症报告书视觉化。

沟通对象

关注医疗健康议题、喜欢思考与讨论的在线年轻族群；

常发布医疗相关信息的博客主及相关工作者。

揭露资历重点比较表		
	管理部门新闻稿	其他媒体信息表	Re-Lab 信息表
相同的信息内容	·十大癌症排名（依患病人数）		
不同的信息内容	·说明平时筛查的重要性 ·呼吁民众养成良好的生活习惯	·台湾地区十大癌症标准化发生率排名 （少数媒体使用）	·台湾地区十大癌症标准化发生率排名 ·台湾地区重要癌症发生率长期趋势 （过去17年的年龄标准化发生率变化）

资料处理步骤

（1）安排初步的资料架构

主要资料： 十大癌症报告书（资料来源：健康管理部门）

按照癌症发生人数排名，使用癌症时钟强调急迫性，再加上癌症别死亡人数。

通过了解各类癌症排名概况，希望能让大众换个角度思考报告数据背后的含义。

（2）筛选资料

用哪些数据和指标最能够反映台湾地区罹癌的现况及趋势？管理部门提供的新闻稿中，着重在全台总罹癌人数的前十大癌症排名，没有提及全台年龄标准化发生率的十大癌症排名，以及近几年的变化趋势，但是我们发现，其他地区除了各大癌症的罹癌人数排名之外，也会关注这些指标，因此询问了一些医师的意见后，决定折衷处理：在全台罹癌的癌症排名用总罹癌人数，近几年趋势变化则用年龄标准化发生率。

（3）视觉化制作

考量到有不同面向的数据需要呈现，我们选择拼板型的版面，并以图像化的方式强调癌症的部位，让人在比较时一目了然且更容易记忆。和顾问医生讨论后，我们认为其他数据以图表精准呈现最适合，保留让读者自行判断的空间。

资料搜集和处理很困难吗?

我们来听听看负责处理本项目的涵文怎么说:

Re-lab　**那时候整个项目制作在规划时间内完成了吗?**

涵文　整个项目大概是在一个星期内结束的。

Re-lab　**你觉得整个项目最困难的地方是什么呢?**

涵文　我认为最困难的地方分成两个部分:有资料处理跟设计上面不同的困难。

资料处理的难处在于要能够理解每个资料的意义,医学上的统计有很多不同的种类且非常复杂,比如癌症报告筛检有不同的指标,如标准发生率等,刚好这次遇到管理部门调整报告说明的方式(以往用标准化发生率,这次以罹癌总数排名),所以我觉得最难的是"正确地理解资料"这件事,像这种过于专业的资料解读,建议一定要寻找专家来验证资料的正确性。

而设计上当时花最多时间讨论的部分是"癌症时钟"要怎么设计才能清楚地传达"癌症罹患的速度愈来愈快",后来我们选择用颜色深浅而不是时间长度来表达时间的急迫性(担心时钟的数字大小难以视觉化呈现其急迫性)。

涵文　我们认为排名、时间是最新的信息应优先呈现，其他信息比如癌症趋势等都算是辅助信息，一定是先需要知道现状，再去了解其他的面向。

Re-lab　如果有更充裕的时间，在处理资料上你还想要多做什么呢？

涵文　我会想要做五年内癌症发生率的比较，还有癌症罹患排名上升下降的深入分析，理解背后的原因我觉得也是非常重要的。

草图设计请参考下页，这种排版形式很适合建立模板，用于定期发布且数据项目变动不大的的报告书、成果发表书等，节省定期的制作成本，也可以重新排列组合成不同的版面大小，灵活运用在不同的信息传达渠道哦！

当时部分参考资料：

截自管理部门公布的2012年癌症登记报告简报

2011—2012年新发生癌症总表

项 目	公元年	男	女	合 计	与前一年增减数
发生数（人）	2011年	51,965	40,717	92,682	2033
	2012年	53,553	43,141	96,694	4012 ↑
年龄中位数（岁）	2011年	64	60	62	0
	2012年	64	60	62	0
粗发生率（每10万人口）	2011年	446.2	351.6	399.1	7.7
	2012年	458.8	370.6	414.7	15.6 ↑
年龄标准化发生率（每10万人口）	2011年	339.4	255	295.1	−1.6
	2012年	341.4	263.3	300.0	4.9 ↑
性别比（年龄标准化率）	2011年	1.3	1		
	2012年	1.3	1		

注：1.台湾地区癌症登记资料库（不含原位癌）
2.年龄标准化率系使用2000年世界标准人口为基准

5

2012年台湾地区十大癌症发生人数，与2011年比较

发生序位	死亡序位	原发部位	2012年					2011年				2012年发生人数增减值	2012年发生率增减值
			癌症时钟（每几分钟发生一例）	个案数	标准化发生率	年龄中位数	标准化死亡率	个案数	标准化发生率	年龄中位数	标准化死亡率		
1	3	大肠	35.1	14,965	45.1	66	14.9	14,087	43.8	66	15	878 (+201)	1.3
2	1	肺、支气管及气管	45.0	11,692	35.0	69	25.4	11,059	34	70	26	633	1.0
3	2	肝及肝内胆管	46.0	11,422	35.0	65	24.7	11,292	35.8	65	25.3	130	−0.8 ↓
4	6	女性乳房	49.9	10,525	65.9	53	11.6	10,056	64.3	53	11.6	469 (+346)	1.6
5	4	口腔、口咽及下咽	74.6	7047	22.3	54	8.1	6890	22.2	53	7.9	157 (−196)	0.1
6	9	前列腺	111.0	4735	29.7	74	6.7	4628	29.7	74	6.4	107	0
7	5	胃	138.5	3796	11.1	70	6.9	3824	11.6	70	6.8	−28	−0.5 ↓
8	20	皮肤	160.5	3274	9.7	73	0.6	2985	9	74	0.7	289	0.7
9	23	甲状腺	181.6	2895	9.9	48	0.5	2582	8.9	48	0.4	313	1.0
10	8	食道	221.6	2372	7.3	57	4.9	2199	6.9	57	4.7	173	0.4
		全癌症	5.4	96,694	300	62	131.3	92,682	295.1	62	132.2	4013	4.9 ↑

注：1.发生及死亡序位系以2012年之癌症发生人数及癌症死亡人数由高至低排序。
2.2012年与2011年各癌症发生人数增减情形：2012年发生人数一2011年发生人数。
3.2012年各癌症发生率增减值（以个案）。
4.发生率资料来源：癌症登记资料（不含原位癌）；死亡率资料来源；统计处死因统计；标准化率系以公元2000年世界标准人口为标准人口计算（单位为每10万人口）。

7

草图示意图

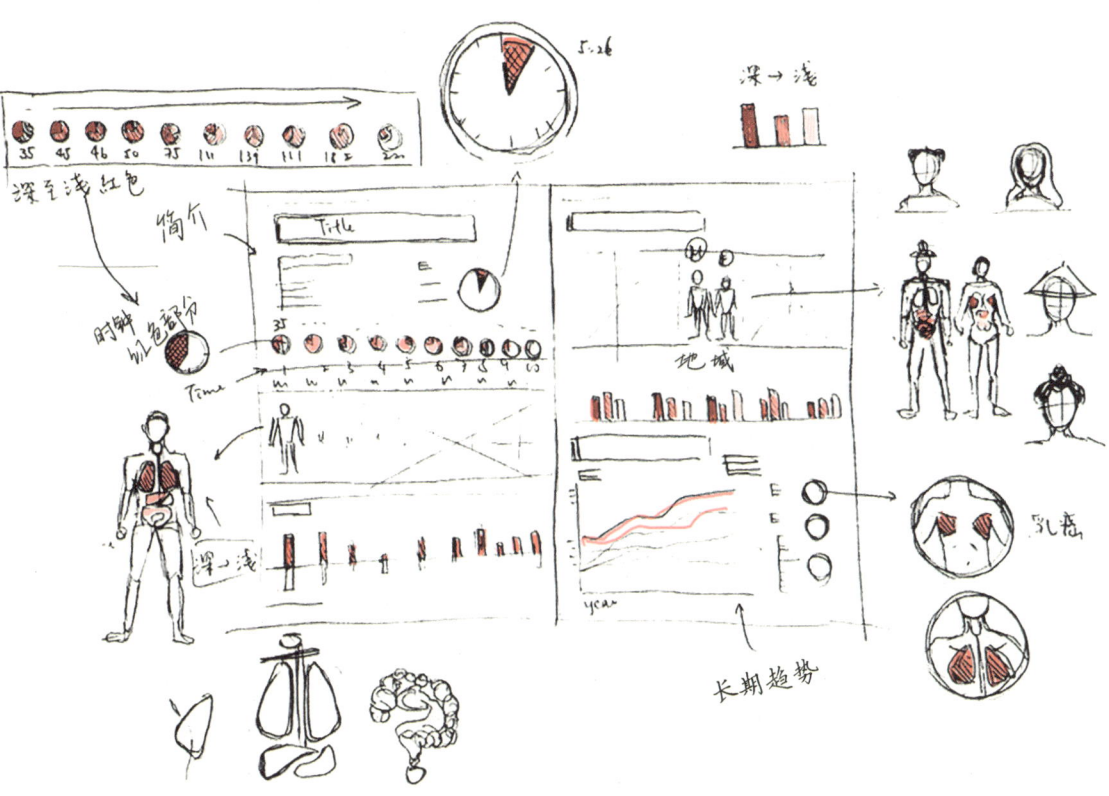

2012 台湾地区十大癌症报告书

台湾地区十大癌症

台湾地区健康管理部门最新2012癌症报告出炉，癌症时钟再度拨快，每5分26秒就有一人罹癌，比2011年又快了14秒，十年来已经快转1.6倍，速度惊人。

2012
台湾地区十大癌症

5:26

癌症时钟：每几分钟发生一例

35分	45分	46分	50分	75分	111分	139分	161分	182分	222分
1	**2**	**3**	**4**	**5**	**6**	**7**	**8**	**9**	**10**
大肠癌	肺癌	肝癌	乳腺癌	口腔癌	前列腺癌	胃癌	皮肤癌	甲状腺癌	食道癌

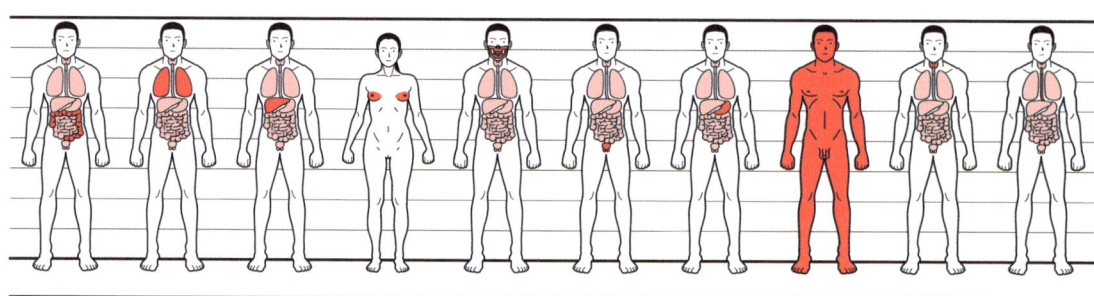

癌症发生人数 （人）

14,965	11,692	11,422	10,525	7047	4735	3796	3274	2895	2372

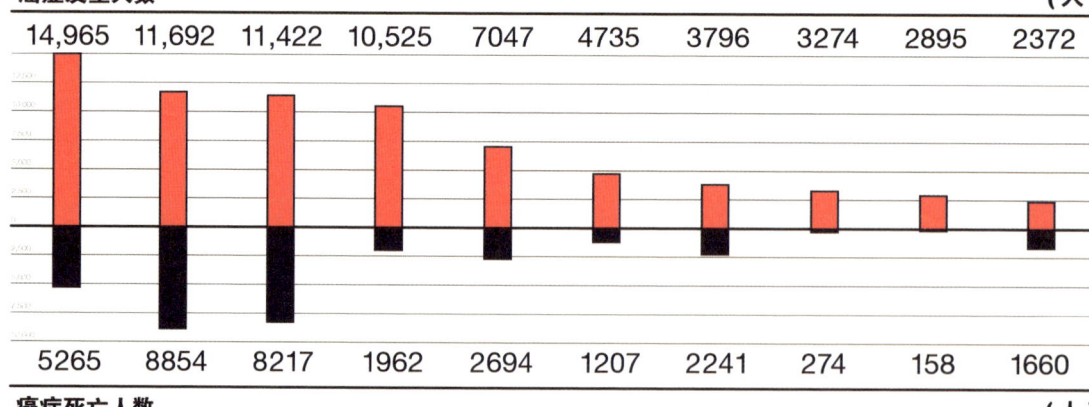

5265	8854	8217	1962	2694	1207	2241	274	158	1660

癌症死亡人数 （人）

台湾地区重要癌症发生率长期趋势

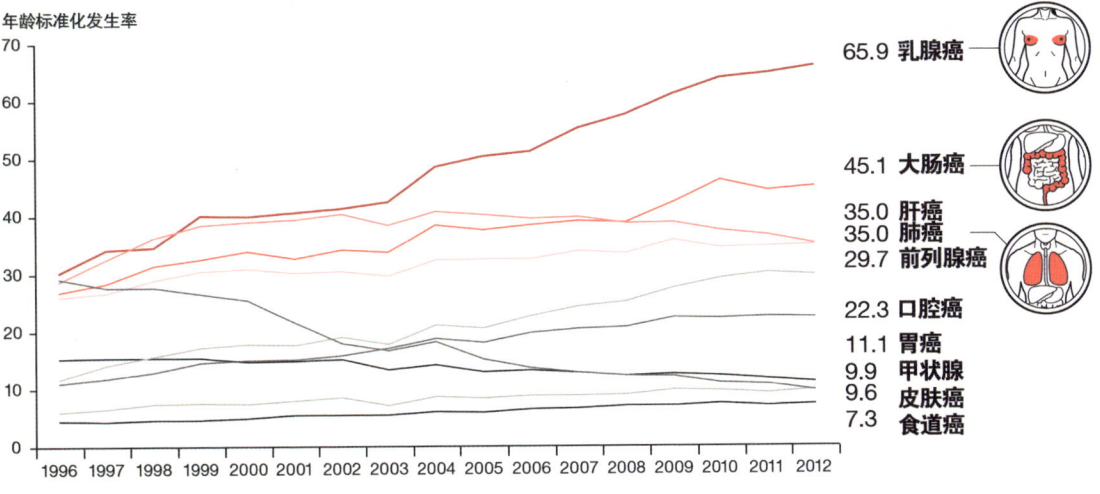

年龄标准化发生率

年份	
65.9	乳腺癌
45.1	大肠癌
35.0	肝癌
35.0	肺癌
29.7	前列腺癌
22.3	口腔癌
11.1	胃癌
9.9	甲状腺
9.6	皮肤癌
7.3	食道癌

1996 1997 1998 1999 2000 2001 2002 2003 2004 2005 2006 2007 2008 2009 2010 2011 2012

Re-lab

资料来源／健康管理部门 2012　制表／Re-lab

统计评量指标

台湾地区健康管理部门公布的十大癌症系依癌症发生人数排序，如果依据不同的指标名次亦会有所变动，就让我们一起来看看吧！

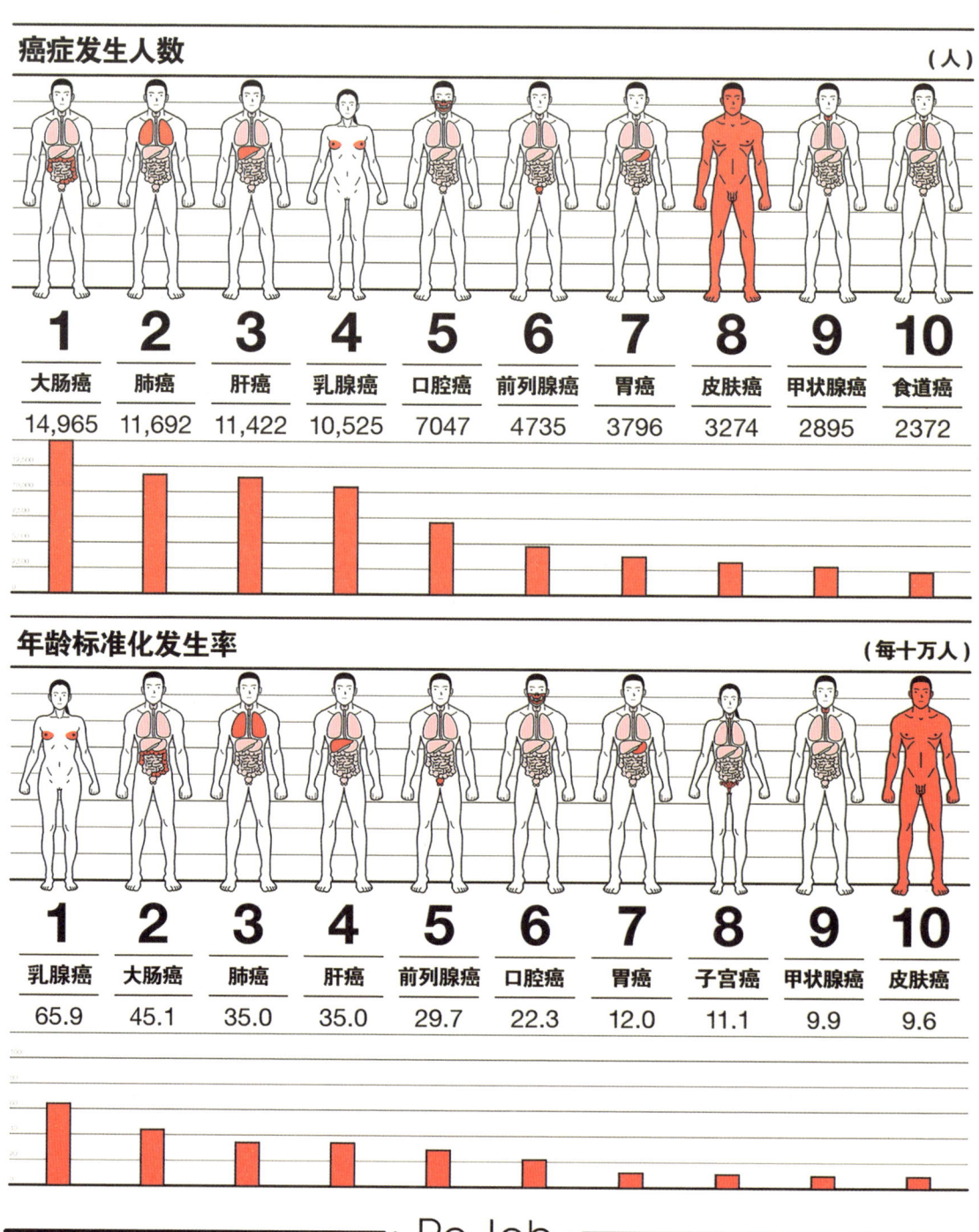

癌症发生人数 (人)

	1	2	3	4	5	6	7	8	9	10
	大肠癌	肺癌	肝癌	乳腺癌	口腔癌	前列腺癌	胃癌	皮肤癌	甲状腺癌	食道癌
	14,965	11,692	11,422	10,525	7047	4735	3796	3274	2895	2372

年龄标准化发生率 (每十万人)

	1	2	3	4	5	6	7	8	9	10
	乳腺癌	大肠癌	肺癌	肝癌	前列腺癌	口腔癌	胃癌	子宫癌	甲状腺癌	皮肤癌
	65.9	45.1	35.0	35.0	29.7	22.3	12.0	11.1	9.9	9.6

Re-lab

作品上线后，我们得到了一些反馈，以下就是其中一位有关部门的郑医师的反馈：

不同的指标有其不同的意义，端看制作指标的人想要传达的是什么信息……例如发生率是相对来说比较客观的指标，因为不太会受到性别的影响（例如男生不会有子宫颈癌，女生不会有前列腺癌，因此算发生率的时候这两个癌症排名都会往前）。而发生人数是总量的概念，可以让大家有个概念，到底总共造成了多少疾病负担。

综上所述，两种传达的是不一样的信息，例如发生率高的癌症表示如果优先对它做防治，效果可能会比针对发生率低的癌症做预防好；但发生数多的癌症，则是我们最能够努力地减少罹患者的对象，减少一个是一个，例如应该想办法预防得病的潜在大肠癌患者数量，就比潜在乳癌患者还要多。

管理部门此次的争议不在于使用哪个指标，而在于：

1. 更改使用的指标时没有清楚说明，容易造成大众误会。
2. 更改使用的指标时未做严格的校对，所以给出错误的数据。

作品做完以后不代表结束喔！还要认真听取建议，并实时调整，这样才能一次比一次更好！

4 阶段四

设计信息结构

图表选用

信息结构设计

一句话说出信息图表的重点

研究完信息内容,

也决定了要放哪些信息在信息图表中以后,

这个阶段我们要按照沟通的重要顺序

来将信息内容分层。

这个环节做得好,

后面进行设计规划才会更轻松,

愈重要的信息通常占信息图表的版面愈大,

也是图像化和整体概念包装的重点。

流程图的信息处理
以税务管理部门报税指南为例
案例学习目的
练习整理信息的结构，在设计规划之前确认信息图表的骨架

合作对象

税务管理部门

前情提要

每到报税的最后几天，税务局总是大排长龙，号码牌抽到好几百号都不意外，其实税务局有提供各种不同的报税方式，但许多民众认为报税流程烦琐复杂，没有意愿去了解，因此希望能通过信息设计改善这个问题。今年由相关税务管理部门承办报税倡导，因为曾经看过我们过去的作品"首报族报税指南"平面信息图（如P.114—P.115），觉得相当清楚且吸引目光，所以找上我们，希望与我们合作。这一次他们希望能做报税指南进阶版，我们建议做成互动网页的形式，一来是移动网络用户不断增加，流程图不适合在小荧幕上阅读，二来互动网页形式能够让使用者的体验个人化，依照每个人的状况不同，只提供必要的流程信息，以提高使用者的报税效率。

沟通目的

协助民众找到最适合自己的报税方式，减少不必要的麻烦，也减轻税务局的工作负担。

制作主题

制作报税互动流程图，让民众从互动过程中找到最适合自己的报税方式。

沟通对象

以首报族为主，年龄层约二十三岁至二十八岁的社会新鲜人。

项目制作流程

目的、沟通对象、主题确认、搜集资料（由税务局提供及网络搜集）、确认资料（向税务局专员确认）、组织及架构界面设计（包含文案设计）、精稿设计、程序制作完成。

组织及架构资料

拿到税务局提供给我们的资料以及上网搜寻资料后，我们将资料汇整，并与税务局确认资料内容的正确性，接着开始组织及架构资料。

START

首报

先算算看，你整年收入
总额有没有超过两项加总？

免税额
85,000

+

标准扣除额
79,000 / **158,000**
单身　　　　夫妻合并

NO → 恭喜你!!
今年不需申报啦!

拜

YES

通常首报族得在
2/15～3/15期间
申请税额试算服务，
不过多数首报族意识到
自己今年该开始缴税时，
都为时已晚……

你有自然人凭证
+读卡机吗？

Q 自然人凭证
该如何办？

带身份证、250元
到各地户政事务所
（不限户籍地）

自然人凭证

自然人凭证管理中心所签发，
如同网络身份证，未来申请网
络业务都不用再跑政府机关。

TAX TIME 2015
报税指南

资料来源：财政事务主管部门

明年再来喽！

GOAL

该缴费了

现金、信用卡
转账

各地税捐稽征处

带身份证！

GooD 专人解答、不需额外费用
BAD 得排队、较花时间

书面申报
二维条码申报

税务管理部门推荐！

网络申报

财政事务主管部门电子申报
缴税服务网站
计算 ⟶ 上传

GooD 24小时都可报
BAD 需有晶片读卡机

申报及缴税期限
在六月一日(Mon)
截止，要记得哦！

6
JUNE
MON

1
ST

资料处理流程

（1）理解原始资料架构

在架构资料之前，客户已先对流程架构有一些轮廓，我们与客户沟通并理解此架构的原因：

❶ 希望让使用者先知道自己是否符合税额试算资格，所以将此摆在第一步。

❷ 若是没有收到税额试算资格的人，进一步可能需要引导他们了解报税方法，所以希望接下来是介绍这部分。

❸ 因该年度推出"健保卡报税"方式，所以希望能特别提到这个报税方式，让使用者了解。

（2）依使用者情境调整及补充流程架构

依循客户的架构，我们进一步思考使用者使用情境，将架构调整、增补，与客户充分讨论后，得到下表架构：

| 主轴 |		| 分支 |
是否符合税额试算资格？	—	何时收到税额试算通知？ 查询是否适用通用税额试算资格？ 如何回复确认？
是否要报税？	—	放上报税流程介绍
新增"健保卡报税"方式	—	

❶ 增加"计算年收入是否超过报税标准？"到主轴：因为我们认为让使用者先知道是否到达报税标准，达到了，也才有再知道后面流程的意义。

❷ 将"是否收到税额试算通知书"提升到主轴：因为是否收到税额试算通知书是首报族和已经报过税的人一个很大的区别，也就是未曾报过税的人不会收到税额试算通知书，所以我们觉得应该把这个提升到主轴，并且分支再介绍到如何查询自己是否适用，以让首报族了解，因此也将"是否符合税额试算资格？"这个主轴拿掉。

主轴		分支
计算年收入是否超过报税标准	—	首报族简易计算方式介绍 免申报情形
报税了没		
是否收到税额试算通知书	—	介绍如何上网查询是否适用
缴税额度确认	—	介绍所得税额算法 缴税方式介绍
申报方式	—	下载申报软件 有读卡机 健保卡+注册密码 自然人凭证 无读卡机 金融凭证申报 身份证编号+户口名簿户号申报 人工 至税务局（带身份证）查询所得+申报

❸ 将"缴税额度确认"提升到主轴：因为缴税额度确认关系到使用者要进行缴税或者是要再申报，影响到使用者下一步的行为，所以我们认为可以提升到主轴。

❹ 增加"申报方式介绍"到主轴：除了介绍今年度主推的健保卡报税方式，我们希望能再给民众更多申报方式的选项，所以增加了"申报方式介绍"此区。

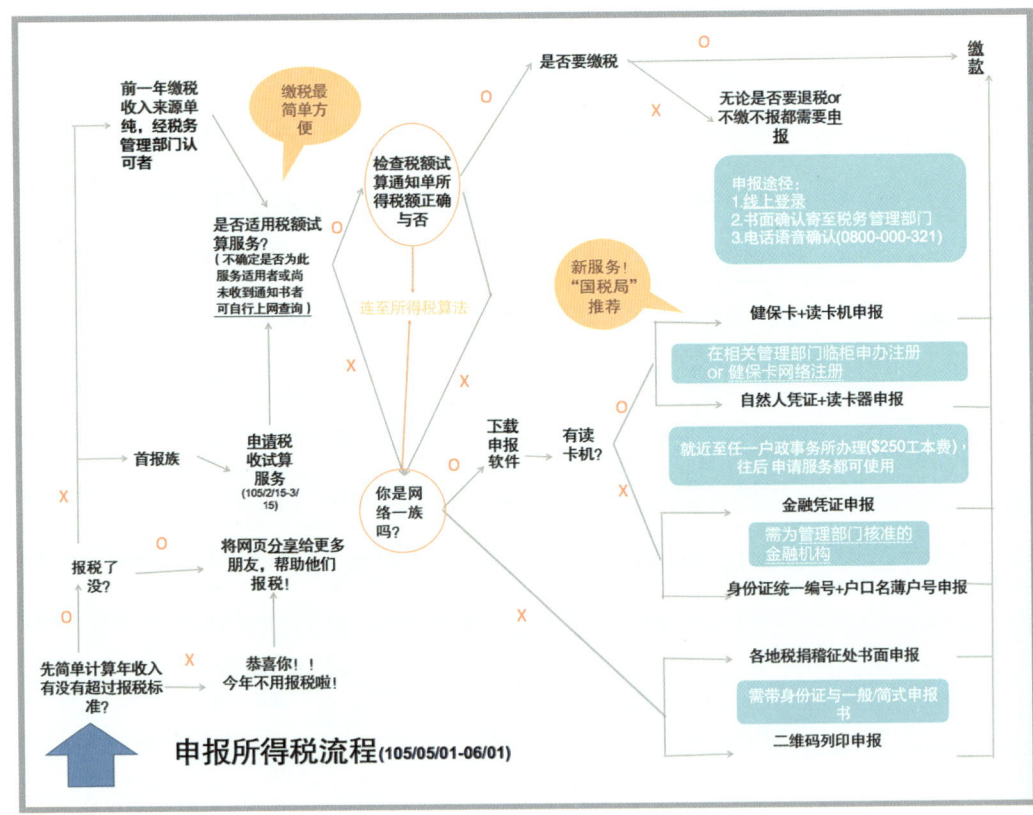

申报所得税流程

（3）使用者测试并再次调整流程架构

为更确认此流程是否真的符合使用者使用情境，我们找来与目标沟通对象相近的使用者测试并访谈，发现需再将以下两点考虑进去：

｜主轴｜		｜分支｜
计算年收入是否超过报税标准	—	首报族简易计算方式介绍 免申报情形
报税了没 是否收到税额试算通知书	—	介绍如何上网查询是否适用
缴税额度确认	—	介绍所得税额算法 缴税方式介绍
申报方式介绍	—	选择申报方式 身边有的物品：健保卡、金融凭证、自然人凭证、什么都没有 是否有读卡机
		下载申报软件 有读卡机 健保卡+注册密码 自然人凭证 无读卡机 金融凭证申报 身份证编号+户口名簿户号申报 人工 至税务局（带身份证）查询所得+申报

❶ 流程是否已经够简易清楚：我们认为使用者应该会期待能透过几个步骤就知道报税流程，以及知道适合他的报税方式，所以我们希望这个架构能尽量简单，让使用者以最少的时间得到结果。

❷ 使用者身边拥有什么工具：我们希望先从使用者身边拥有什么证件或工具询问，以此推导到最适合使用者的报税方式。

因此我们将架构再做了调整：

❸ 将"报税了没"区块删除：我们觉得"报税了没"这个流程虽然可以将使用者分流，只让没报税者继续操作这个网站，但我们觉得会进入这个网站的使用者应该是还没有报税的人，想知道怎么报税的人，所以我们觉得可将这个关卡删除，更加简化操作这个网站的时间。

❹ 加上"选择申报方式"分支：为了想让使用者找到更适合他们报税的方式，我们再加上"选择申报方式"的分支，内容以询问使用者身旁拥有的证件以及拥有的工具为主，进而由系统推荐他适合的申报方式。透过以上程序，即是最后网站上看到的版本（见下图）。

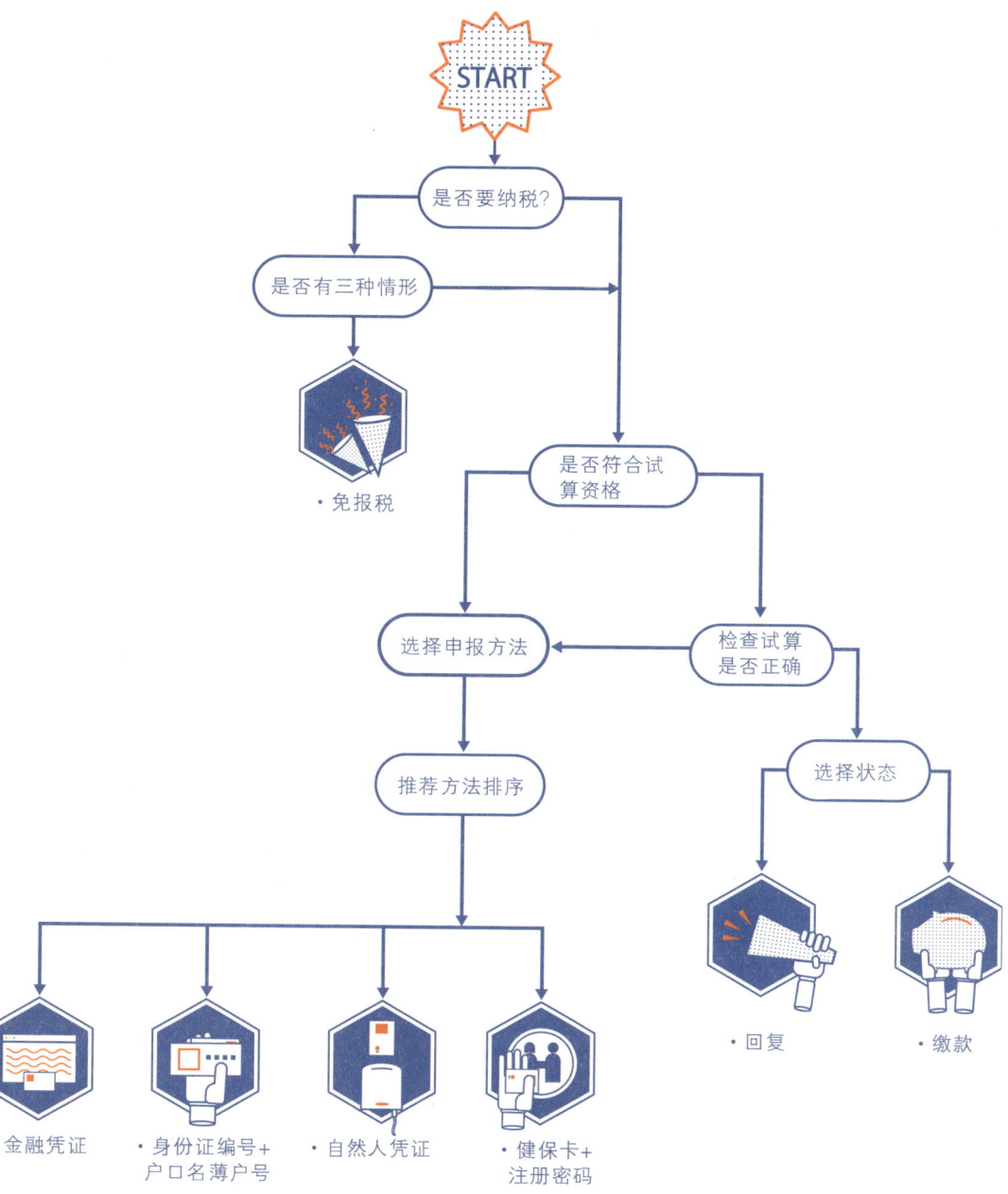

START

是否要纳税?

是否有三种情形

・免报税

是否符合试算资格

选择申报方法

检查试算是否正确

推荐方法排序

选择状态

・回复

・缴款

・金融凭证

・身份证编号+户口名薄户号

・自然人凭证

・健保卡+注册密码

后续设计

后续我们为了让这个生硬的报税流程更吸引人，加入了一些吸引人的文案，以引起社会新鲜人的共鸣，想继续使用这个网站。另外，为了让这个交互式网站能帮助到更多的首报族，我们推荐税务管理部门做"搜寻引擎最佳化"（SEO），让更多茫然的首报族在网络查询时能找到这个网站。

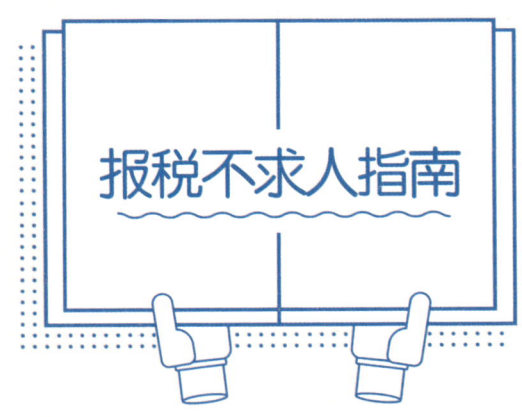

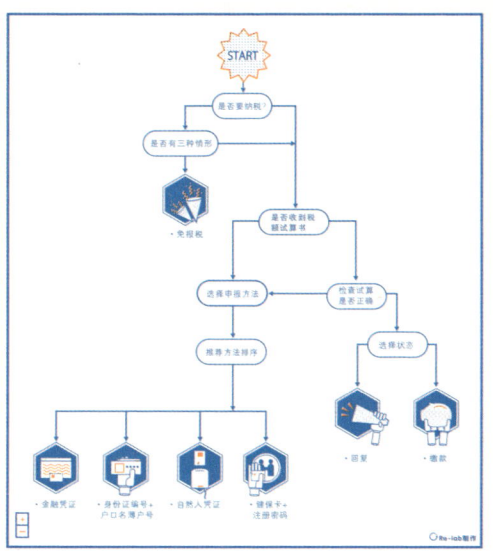

报税不求人指南

不要再问妈妈了，今年度税自己报

别问，我要不要报税啊？
别，我该怎么么报的？
我要了税务的？
什么一年，报税真的手术了。
今年，要报税税来点不一样啦。
把三个问答和唠搞指南，不再搞费税和税。
这些问吗，一个清净的吗来节。

开始教程

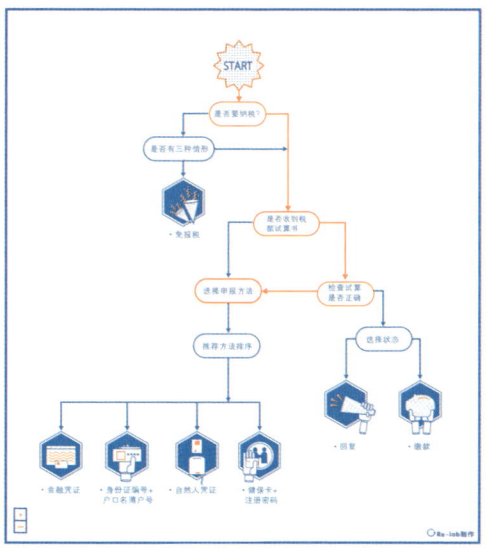

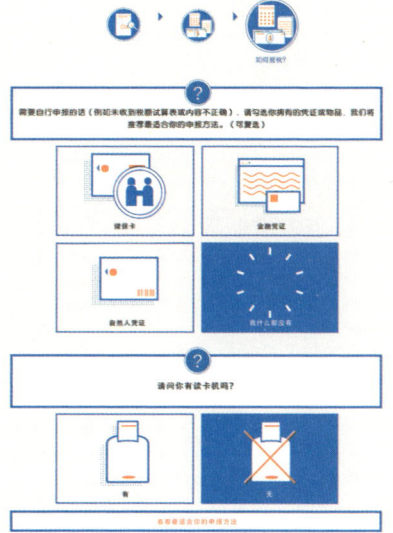

如何报税？

需要自行申报的话（例如未收到税款试算表或内容不正确），请勾选你拥有的凭证或物品，我们将推荐最适合你的申报方法。（可复选）

键信卡　　　金融凭证

自然人凭证　　我什么都没有

请问你有读卡机吗？

有　　　无

本书最适合你的申报方法

以"食我"美食App之业务介绍为例

案例学习主题
将信息分层级，并且按照使用情境排序

合作单位

食我餐饮股份有限公司

前情提要

食我来找我们是因为他们将推出新服务，为让潜在合作店家能够简单了解合作方式并增加合作的可能性，希望制作此新服务的服务说明书，让业务员与合作店家说明时可以更顺畅，并可予店家留下精致、易阅读的平面资料，以供店长或决策者日后参考。

沟通目的

让业务员向店家介绍服务时能搭配使用，以让店家能快速知道该服务的特点，并且能让店家留下做决策参考。

制作主题

食我服务介绍折页。

沟通对象

餐厅店长或决策者。

资料架构方式

确认原始架构：食我提供给我们的资料，已经有一些架构的雏形。

将信息依重要性分层

依食我给的架构，我们考虑业务使用情境后，将架构调整如下表，并把信息标出重要性，以此分层。

主轴	分支
WHY	食我核心价值 关于食我 媒体合作伙伴
How	营销哲学 如何为餐厅带来营业额？ 什么人正在用食我？
What	食我产品服务 ·美食优惠发布平台 ·App 点数营销系统 ·整合曝光营销方案 ·合作流程 ·竞品分析

第一层：我们思考食我的业务使用这个文宣的情境，认为业务员必须要在短时间内就让客户明白食我的服务，所以调整成在文宣品的一开始就先介绍食我的服务，并以介绍"美食优惠发布平台""App点数营销系统""整合曝光营销方案"为重点。

第二层： 让店家知道食我提供的服务后，我们认为业务接下来应该要介绍如何和食我合作，以及合作可带来的收益，并可配合相关数据呈现。

第三层： 介绍完产品服务、合作流程、合作效益后，最后再介绍食我的经历，若现场业务员时间没那么充足，这部分也可省略，到时此文宣品可留下供店家参考。

决定好要置放的信息内容及重要层级排序后，就可以据此开始安排画面中的呈现架构了！

主轴	分支	重要性
What	食我产品服务	
	· 美食优惠发布平台	1
	· App 点数营销系统	1
	· 整合曝光行销方案	1
	· 合作流程	2
	· 竞品分析	2
How	营销哲学	2
	如何为餐厅带来营业额？	2
	什么人正在用食我？	2
WHY	食我核心价值	3
	关于食我	3
	媒体合作伙伴	3

合作客户提供制作信息架构雏形重要性整理

信息图像化

我们想让店家听业务员说明产品服务时，能更快速理解三大服务内容"美食优惠发布平台""App点数营销系统""整合曝光营销方案"，所以我们设计出一个餐厅场景，并在餐厅中设计相对应能表现这三大服务的场景，见下图。

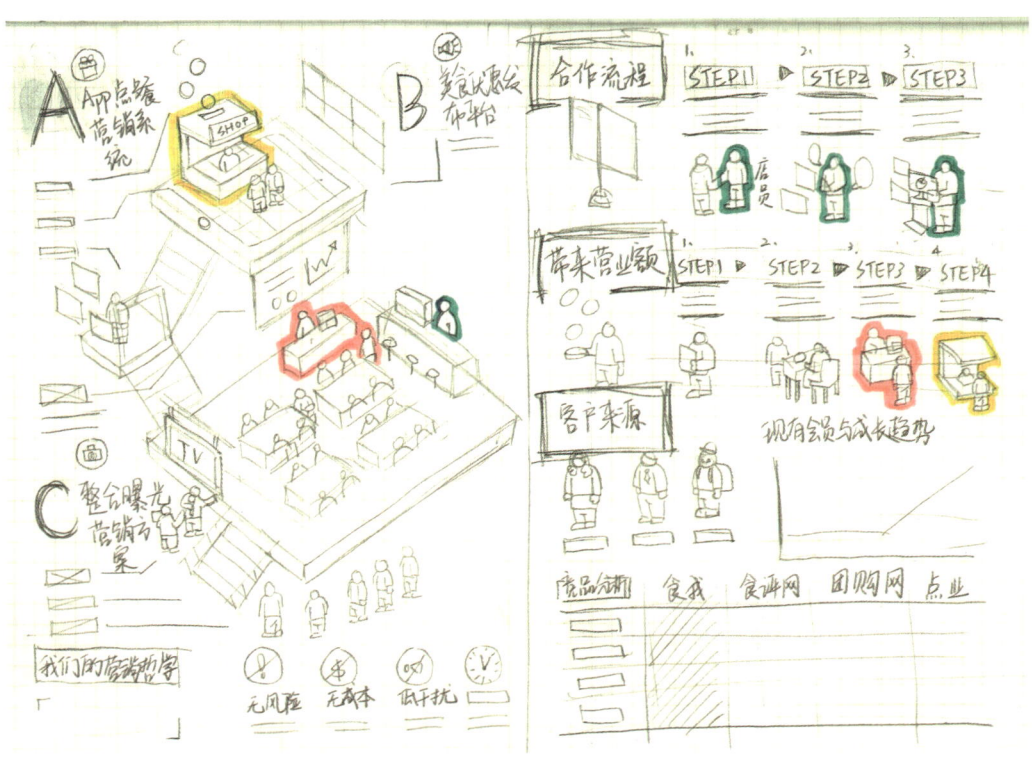

DM内页草稿

食我产品服务

A. App点数营销系统

按照消费者的结账金额折算红利回馈给消费者，消费越多，能兑换的商品就越多。借助此系统，店家能零风险零成本投放行销预算，长期吸引消费者持续回店消费。

App 红利
积点功能

点数商城
兑换功能

主题分类
筛选功能

营销效益
分析功能

加入"点数营销系统"的店家，可以随时登入系统，查询红利机制使用状况及效益。

SHOP

ON-LINE

2000 35%

OFF-LINE

EAT

B. 美食优惠发布平台

店家只要提供优惠给食我会员，即可借由食我平台宣传曝光。

C. 整合曝光营销方案

只是优惠和积点还不够吗？食我整合自有网站、FB粉丝团、行动装置App、联合报系纸媒、UDN网站官方博客，及数十位专栏博客写手作家，横跨虚实强效媒体，确实结合线上线下与行动装置。

- 动态媒体专访
- 食我Ladies专文采访
- 行动装置App
- 《Upaper捷运报》
- 博客联合试吃专访

我们的营销哲学

业界唯一获利保证。

无风险

商家获利之后才付出营销费用。

零成本

营销成本于获利营业额中支付。

低干扰

绝不需安装任何网络电子设备。

长效益

追求长期稳定逐步成长的来客量。

合作流程

1. 优惠签约合作 ▶

现在就马上与食我合作，提供优惠给全国数百万的外食族吧

2. 选择套装方案 ▶

依照您的需求，选择最适当的营销套装！

3. 网络发布信息

优惠上线，源源不绝的客人就在你面前！还等什么呢？

如何带来营业额

1. App 搜寻 ▶
1. 行动查询
2. 优惠列表
3. 免费使用

2. 用餐优惠 ▶
1. 到店用餐
2. 出示App
3. 获得优惠

3. 结账积点 ▶
1. 柜台结账
2. 结算点数
3. 积点密码

4. 红利兑换
1. 累积点数
2. 寻找赠品
3. 兑换商品

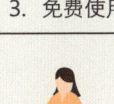   

客户来源

都市粉领族
姐妹们相约享受生活。

年轻上班族
下班后同事聚餐小酌。

热血大学生
与同学一起体验美食。

现有会员与成长趋势

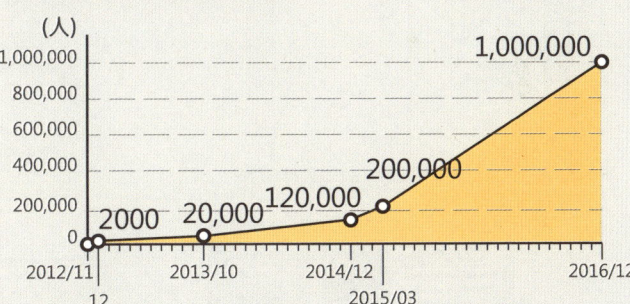

（人）
1,000,000
800,000
600,000
400,000
200,000

2000　20,000　120,000　200,000　1,000,000

2012/11　2013/10　2014/12　2016/12
12　　　　　　　　　2015/03

竞品分析

	食我	食评网站	团购网	点数业
专注经营市场	餐饮业	餐饮与旅游	各行各业	各行各业
合作优惠业者	>2000家	>500家	无长期配合	无长期配合
支付营销成本	低	低	极高	高
干扰店家营运	低	低	极高	高
店家学习门槛	低	低	高	极高
产生效益期间	长	长	极短	短
承担营运风险	无	无	极高	高
实质获利保证	有	有	负	无

5 阶段五

设计规划

使用情境
观察与设定 → 决定载体
与呈现形式 → 概念包装
*思维导图法
*类推联想法 → 版本配置规划
*常见版面配置份额 → 搜集视觉参考
颜色规划

到这阶段是不是迫不及待动手画图了呢?

别急,在那之前我们要先想一个包装概念,

为信息打造一个舞台!

小技巧:

没有信息图表制作经验的朋友,

在跟着本节案例进行概念创意构思后,

建议先找符合设计概念与信息传达需求的参考作品,

可以到Re-lab日常页面参考我们推荐的好作品平台!

以温室气体排放清册为例
案例学习主题
利用思维导图进行创意构思

合作对象

环保事务管理部门

前情提要

以往的温室气体报告是多是以文字搭配图表辅助说明为主，但资料庞杂，数据复杂，信息难以传播。于是管理部门希望我们帮忙改造《2014 年温室气体清册报告》，以鲜明图像及清楚的信息架构让人更快速理解 2014 年台湾地区温室气体排放概况。

每次只要管理部门来找我们合作，我们都觉得特别有意义，很开心能够让管理部门搜集的重要信息让更多民众知道，大概是这样的使命感，让我们每次都为管理部门提供了物超所值的设计服务。

沟通目的

为因应气候变迁相关国际会议发放需要，响应《蒙特利尔议定书》号召，管理部门制作的温室气体清册以相同的标准要求全台湾地区，告诉参与者，其实台湾地区一直按照着国际规范在控制温室气体排放。

沟通对象

因应不同的沟通对象，制作了不同语言的版本。

英文：国际会议上的学者专家

中文：民众，通过相关活动发放或是让民众索取

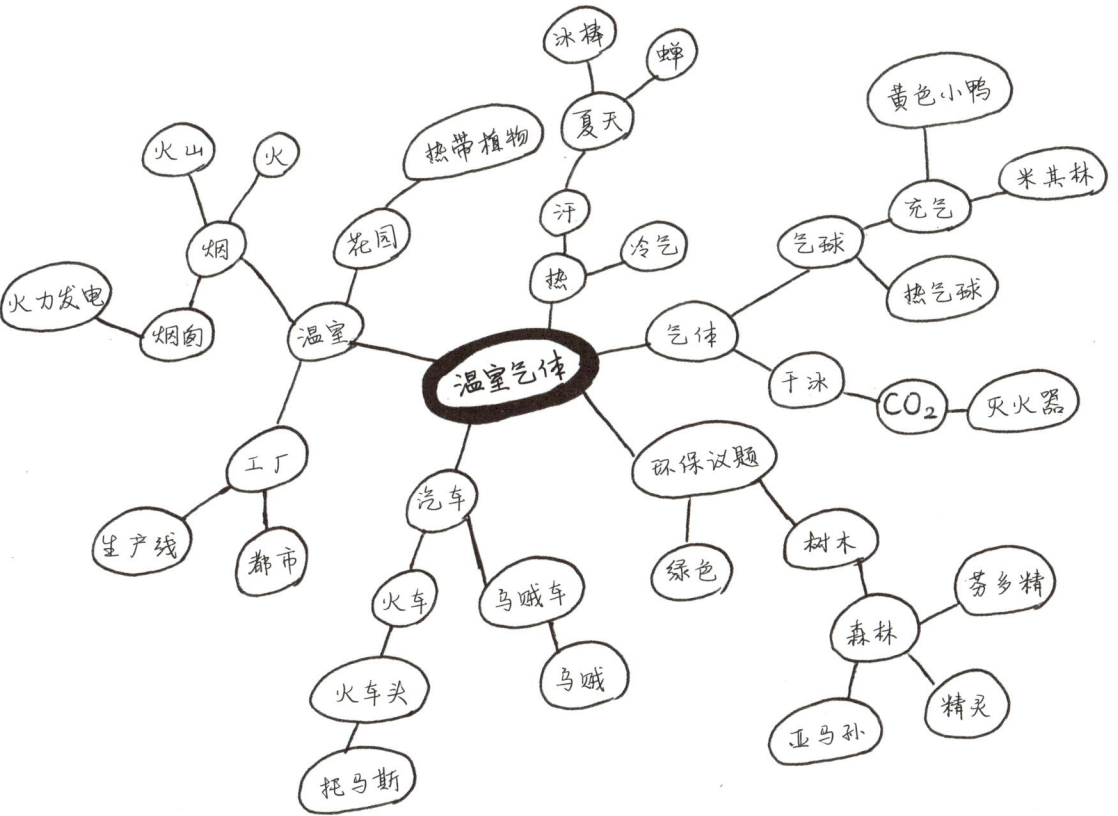

温室气体视觉化创意构思思维导图，从关键词出发，大家一起把联想到的关键字写下，并将延伸创意构思的字词串联在一起

在概念包装规划之前

有些项目的设计版面为因应使用情境已有明确的限制，这个项目就是其中之一，通常我们会事先就确定版面规格，分配信息呈现内容。

概念包装规划

❶ 从原始资料的关键元素出发寻找更亲民的灵感

❷ 选择考量：以农场、工厂这样与读者日常生活较接近的主题出发，以可以迅速接收图像意义的视觉元素为首选，除了亲民之外也容易图像化，并且有许多延伸元素可以发展，例如谷物、电塔等。另外，我们也应客户要求，尽量避免使用有负面意涵的元素，比如工厂的烟等，选用了像气球这样较轻松的元素，并且选择绿色为主的版本，贴近一般人对于环境的想象。

温室气体　比起抽象的化学式，气体用热气球、烟等更具体且有趣的形象表现能拉近与读者的距离，最后客户选择了热气球的版本，因为他们不希望有负面观感的元素（如烟囱、火焰等）。

排放产业　畜牧业、重工业等都可以用工厂等元素视觉化。

颜色　我们尝试了三种不同颜色的版本——绿色：环保；黄色：鲜明，具有提醒的含义；粉红、粉蓝：温暖柔和、活泼。

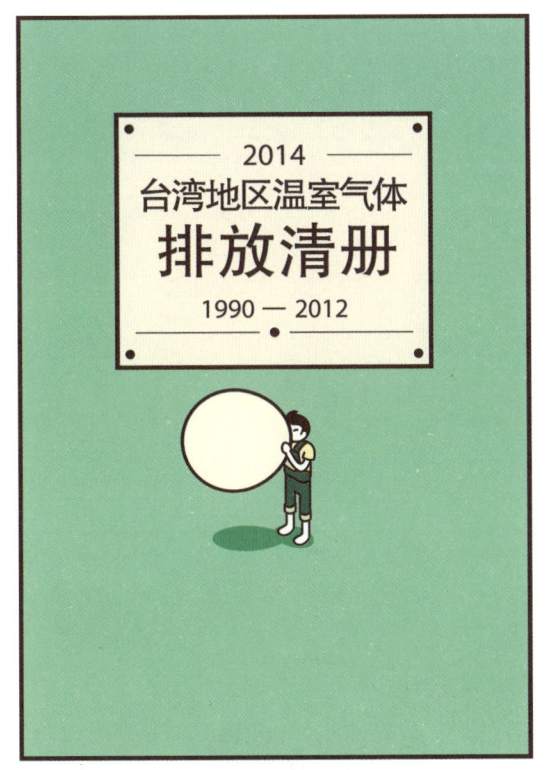

2014
台湾地区温室气体
排放清册
1990 — 2012

温室气体
排放趋势
2012
各温室气体占总
排放量之比例
1st 二氧化碳 96.21%
2nd 氧化亚氮 1.52%
3rd 甲烷 1.08%
含氟氧体总和 1.19%
二氧化碳
23年来二氧化碳排放量增加116.65%，平均增长率3.58%。
六氟化硫
六氟化硫排放量自2005年后逐年下降，其原因为电力事业和镁铸造业使用量减少。
氧化亚氮
就氧化亚氮总排放量而言，1990至2012年排放量增加2.37%，平均增长率0.08%。
氢氟碳化物
2004年时，由于台湾地区唯一生产氟氯烃厂商台塑仁武厂关闭后，使得氢氟碳化物排放量骤降。
2011年因应蒙特利尔议定书之时程，冷冻空调改以其他替代品，导致排放量增加。
甲烷
2000年后排放量大幅下降，其主因为推动垃圾减量、废弃物零掩埋、沼气处理与鼓励沼气回收发电等政策。
Landfill
全氟碳化物
2004年后由于台湾地区半导体产业协会配合政府推动自愿减量，包括半导体业、光电等产业导入安装尾气处理设施，同时进行制程改善，使得排放量逐年下降。
早期集成电路或半导体尚未大量生产，相关资料不齐全，故无法估算其排放量。
排放量（千吨）
年份

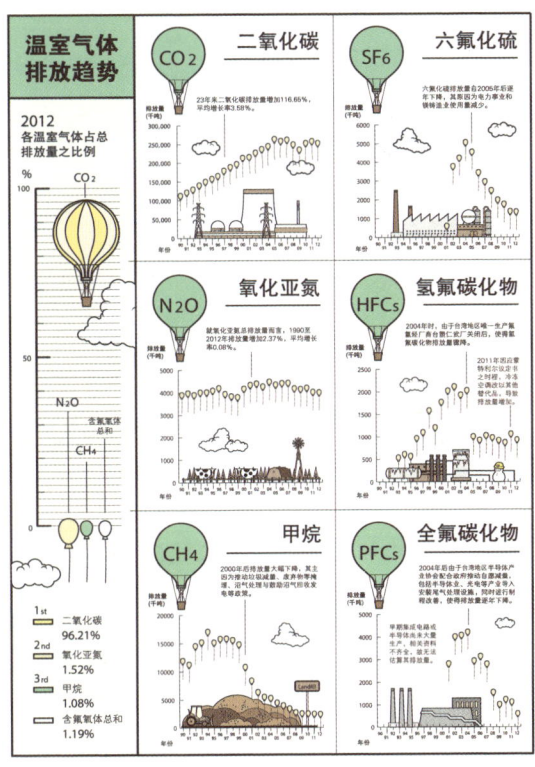

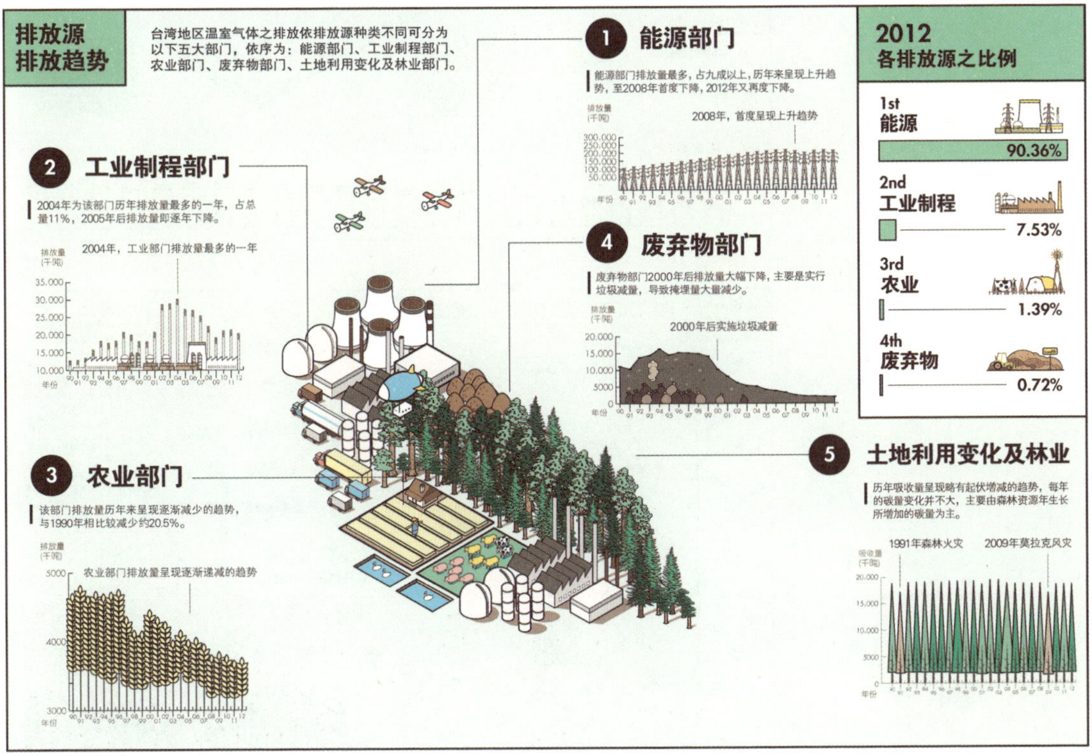

排放源
排放趋势
台湾地区温室气体之排放依排放源种类不同可分为以下五大部门，依序为：能源部门、工业制程部门、农业部门、废弃物部门、土地利用变化及林业部门。
1 能源部门
能源部门排放量最多，占九成以上，历年来呈现上升趋势，至2008年首度下降，2012年又再度下降。
2008年，首度呈现上升趋势
2 工业制程部门
2004年为该部门历年排放量最多的一年，占总量11%，2005年后排放量即逐年下降。
2004年，工业部门排放量最多的一年
3 农业部门
该部门排放量历年来呈现逐渐减少的趋势，与1990年相比较减少约20.5%。
农业部门排放量呈现逐渐递减的趋势
4 废弃物部门
废弃物部门2000年后排放量大幅下降，主要是实行垃圾减量，导致掩埋量大量减少。
2000年后实施垃圾减量
5 土地利用变化及林业
历年吸收量呈现略有起伏增减的趋势，每年的碳量变化并不大，主要由森林资源年生长所增加的碳量为主。
1991年森林火灾
2009年莫拉克风灾
吸收量（千吨）
2012
各排放源之比例
1st 能源 90.36%
2nd 工业制程 7.53%
3rd 农业 1.39%
4th 废弃物 0.72%
排放量（千吨）
年份

温室气体排放清册

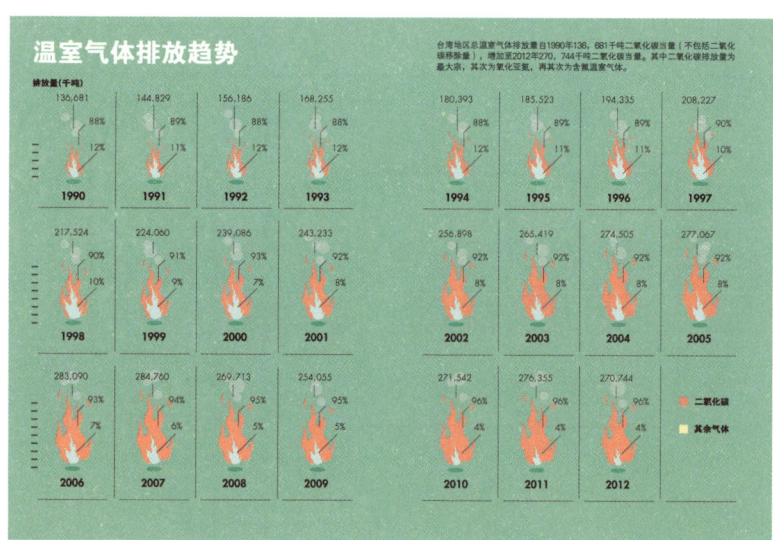

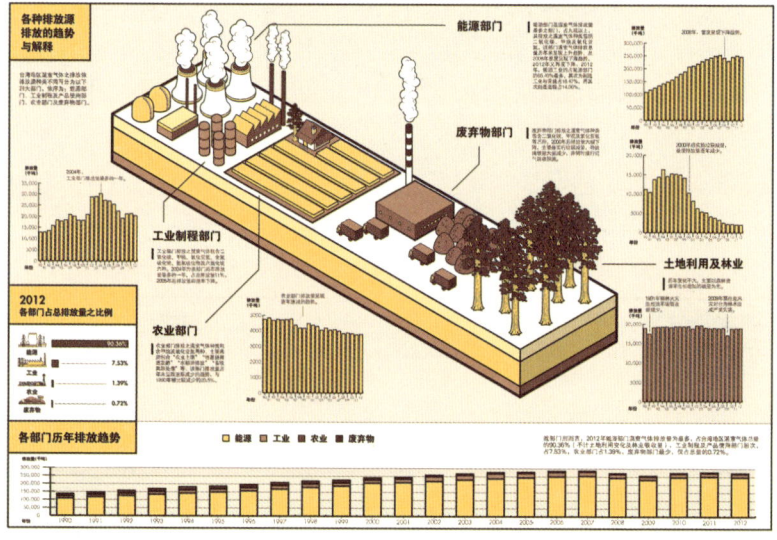

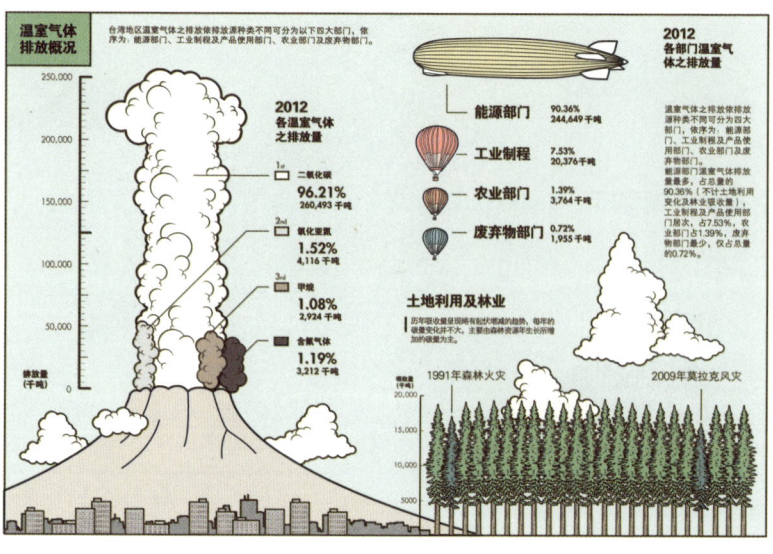

各种温室气体排放的趋势与解释

2012
各温室气体占总排放量之比例

1st
二氧化碳
96.21%

2nd
氧化亚氮
1.52%

3rd
甲烷
1.08%

含氟气体
1.19%

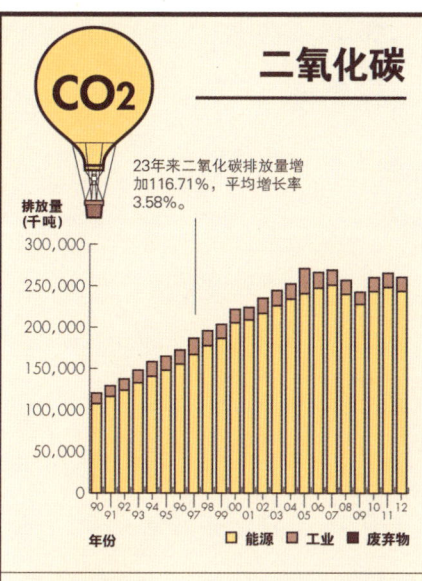

CO2　二氧化碳

23年来二氧化碳排放量增加116.71%，平均增长率3.58%。

排放量（千吨）

年份 ■ 能源 ■ 工业 ■ 废弃物

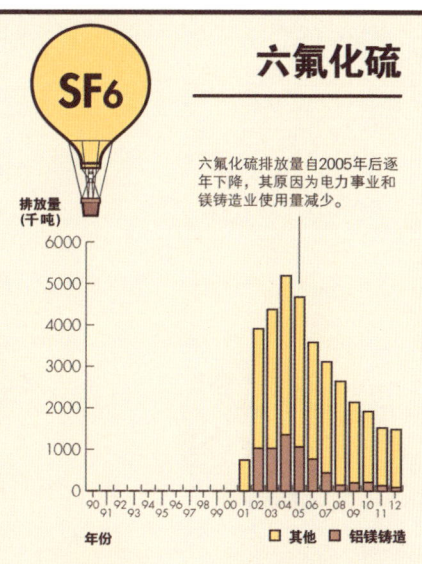

SF6　六氟化硫

六氟化硫排放量自2005年后逐年下降，其原因为电力事业和镁铸造业使用量减少。

排放量（千吨）

年份 ■ 其他 ■ 铝镁铸造

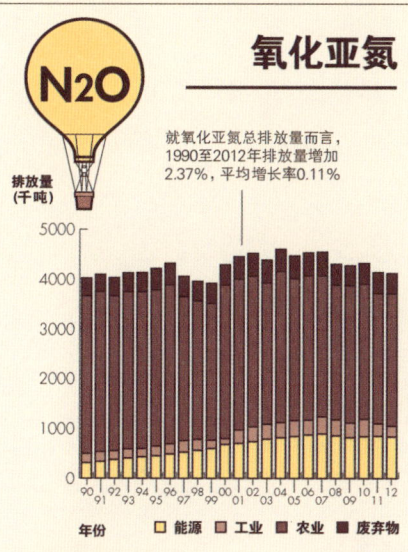

N2O　氧化亚氮

就氧化亚氮总排放量而言，1990至2012年排放量增加2.37%，平均增长率0.11%

排放量（千吨）

年份 ■ 能源 ■ 工业 ■ 农业 ■ 废弃物

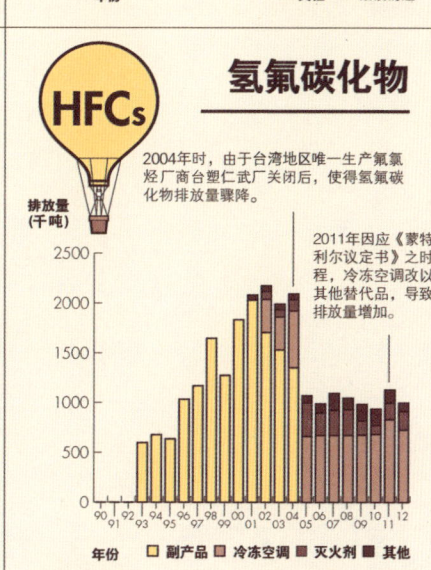

HFCs　氢氟碳化物

2004年时，由于台湾地区唯一生产氟氯烃厂商台塑仁武厂关闭后，使得氢氟碳化物排放量骤降。

2011年因应《蒙特利尔议定书》之时程，冷冻空调改以其他替代品，导致排放量增加。

排放量（千吨）

年份 ■ 副产品 ■ 冷冻空调 ■ 灭火剂 ■ 其他

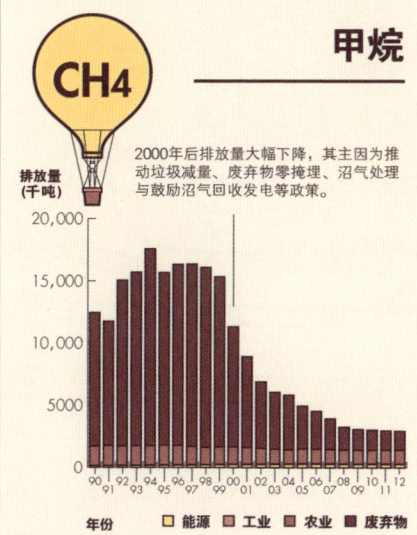

CH4　甲烷

2000年后排放量大幅下降，其主因为推动垃圾减量、废弃物零掩埋、沼气处理与鼓励沼气回收发电等政策。

排放量（千吨）

年份 ■ 能源 ■ 工业 ■ 农业 ■ 废弃物

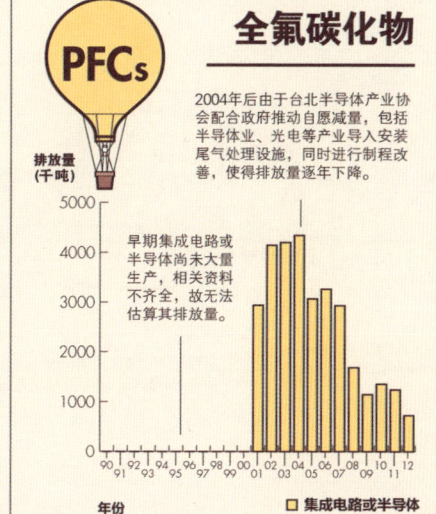

PFCs　全氟碳化物

2004年后由于台北半导体产业协会配合政府推动自愿减量，包括半导体业、光电等产业导入安装尾气处理设施，同时进行制程改善，使得排放量逐年下降。

早期集成电路或半导体尚未大量生产，相关资料不齐全，故无法估算其排放量。

排放量（千吨）

年份 ■ 集成电路或半导体

6 阶段六

设计制作

文案设计　　　→　　　视觉元素制作　　　→　　　字级大小层次规划　　　→　　　检查
草图制作　　　　　　　　字体设计　　　　　　　　排版调整　　　　　　　　　　完稿

没有设计经验的朋友不用担心，

这一节我们会介绍一些小技巧和工具，

让大家都可以用自己的方式

做出让人印象深刻的信息图表。

以行动商机趋势
CHASE策略联盟邀请函为例
与AMAZE快租时尚合作

案例学习主题
善用手边资源和相关工具，让制作事半功倍

前情提要

希望借由邀请函上呈现的行动商机趋势，说服实体店家加入CHASE的平台，作品形式为印刷折页邀请函。

制作步骤及相关工具

❶ 选定合适的参考，在设计规划阶段找到适合的参考了吗？除了好作品平台以外，你也可以到相关的在线制作软件中选择适合的模板，只要搜寻"infographic tool"就可以找到许多在线软件（如：piktochart）。

❷ 整理可运用的相关资源，如字体、实拍照片、图示（以本案例而言，作品中的图示皆沿用合作客户产品中的图示），接着照信息架构及概念包装设定，进行草图绘制。就算是直接用在线软件编辑制作，还是建议先在纸上画出自己心中的草图，才不会迷失在各种模板与眼花撩乱的视觉元素里。（画完草图后，记得用五大法则P.32—P.46想一想，是否有需要调整的地方。）

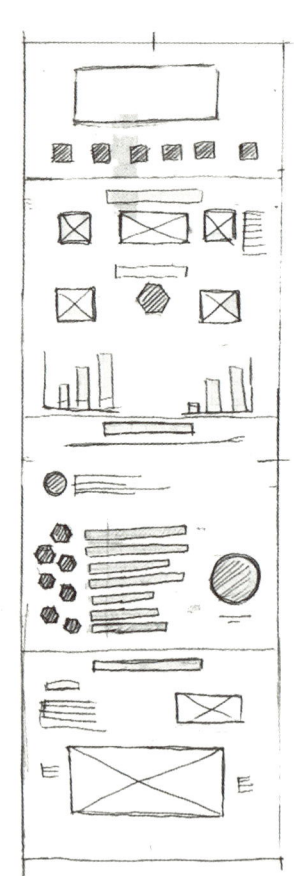

参考及模板示意图

❸ 根据概念包装设定及草图规划，设计大小标题与内文的文案，这部分要特别注意图文的呼应与搭配、不同信息层次的安排（不同信息层级的文案字级大小安排），还有前面提醒的互动性营造。

❹ 依据自己熟悉的软件进行完稿的制作，简单如小画家、简报制作软件或自己手绘，到在线的相关工具或专业的绘图软件都可以。为了之后调整及测试的便利，记得在不同图层都要个别进行存档，版面配置设计、图表的图档、视觉元素及图示及文案标题制作等，最好是分开存档，模块化管理，预留未来其他运用及修改的弹性空间。

❺ 最后进行整体一致性的调整，包含：视觉元素、颜色运用、排版细节与文案设计。（别忘了做色盲检测！）

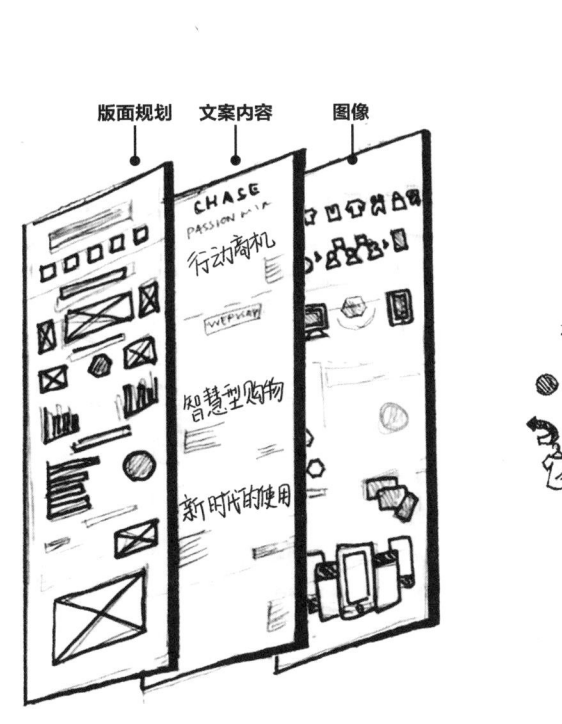

草稿示意图

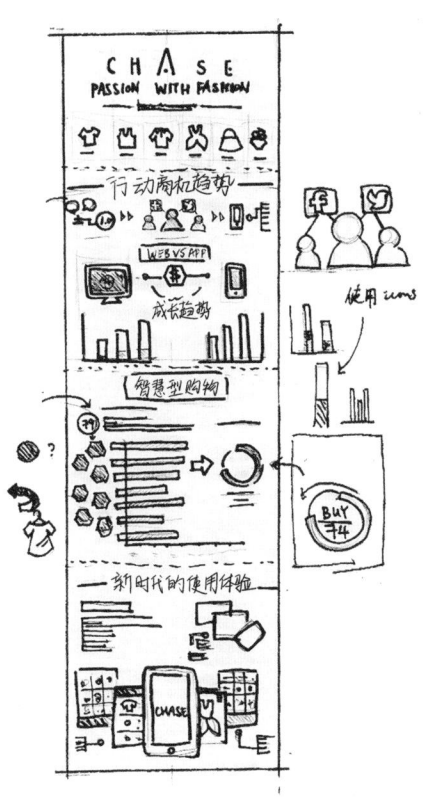

分层管理示意图

更多不懂设计也能做的信息图表形式作品参考：

创业资金哪里找、不动产实价登录新制

只要选定适合呈现的视觉元素和图表类型，套用简单清楚的版面就加分许多。

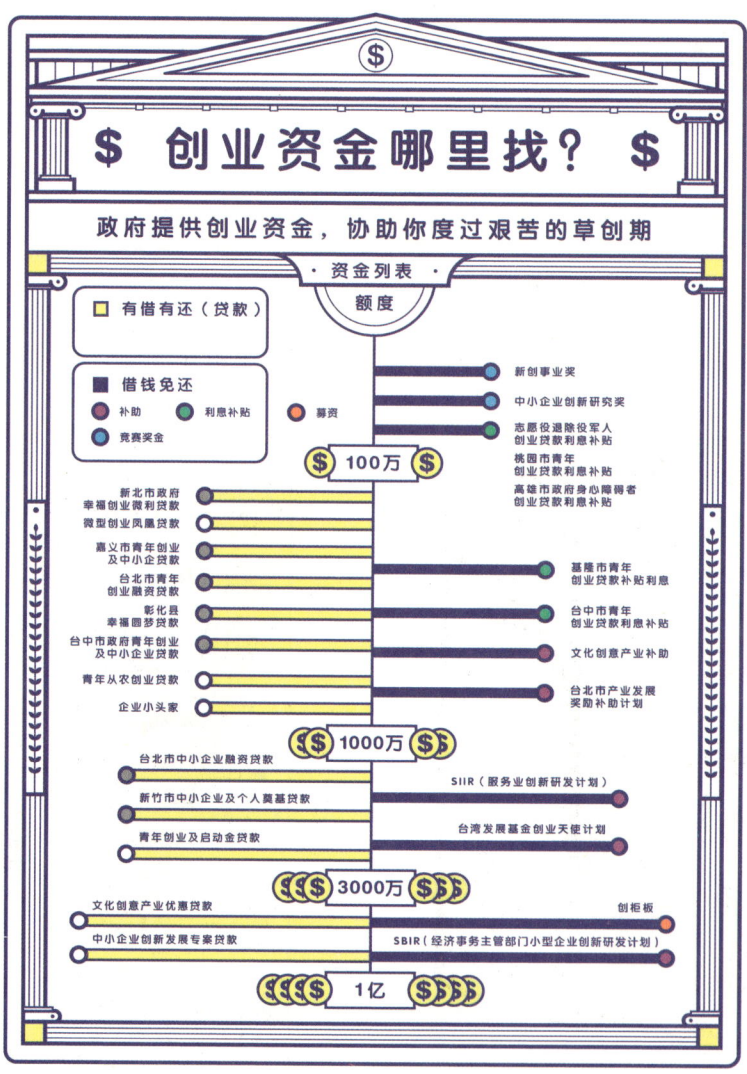

创业资金哪里找？

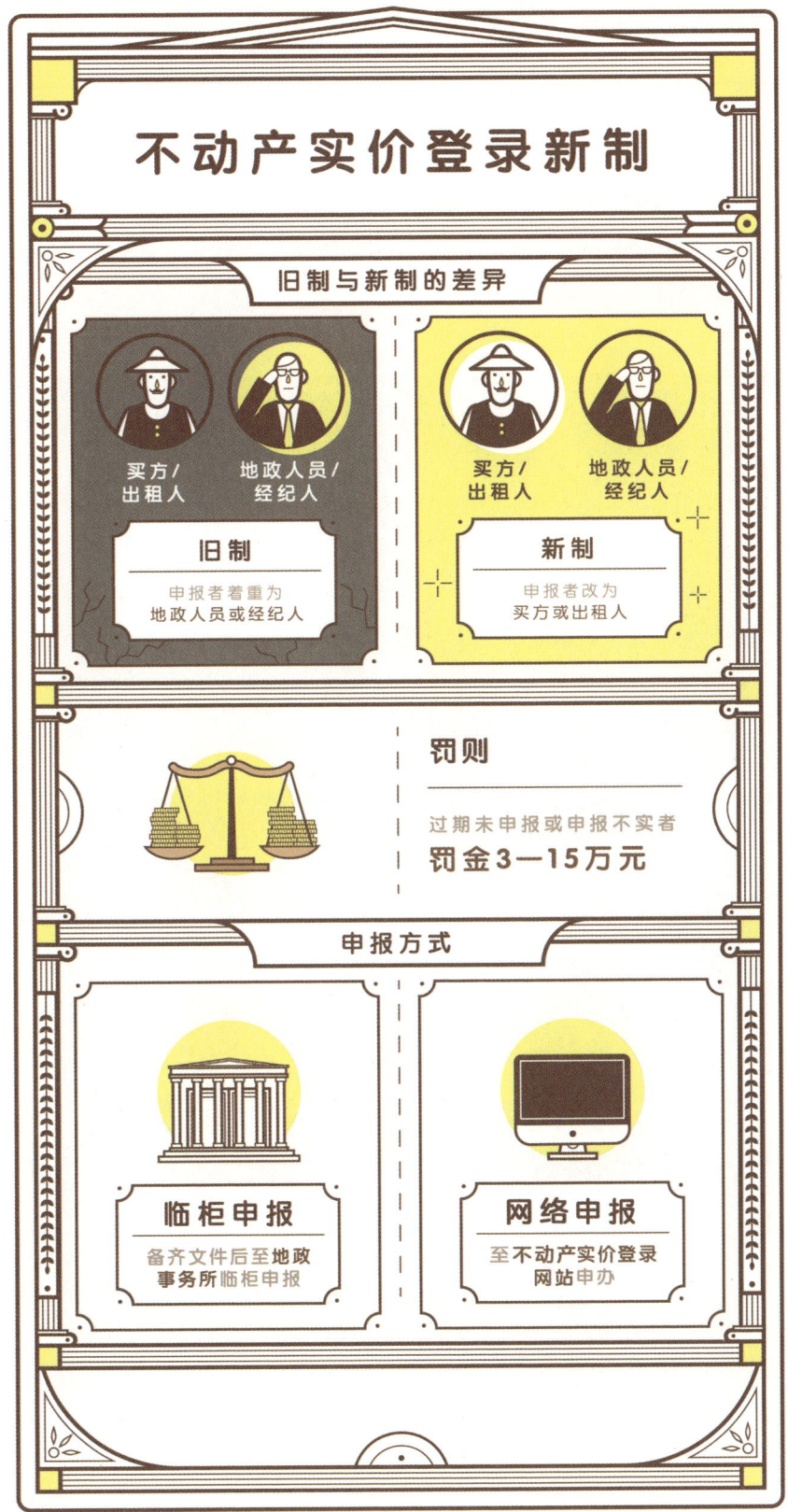

不动产实价登录新制

旧制与新制的差异

买方/出租人 **地政人员/经纪人**

旧制
申报者着重为地政人员或经纪人

买方/出租人 **地政人员/经纪人**

新制
申报者改为买方或出租人

罚则
过期未申报或申报不实者
罚金3—15万元

申报方式

临柜申报
备齐文件后至地政事务所临柜申报

网络申报
至不动产实价登录网站申办

调酒热量表

可以用 rawgraphs.io 或 PlotDB 这两个免费的在线工具试做，再输出图档用自己熟悉的软件后制喔！

调酒热量表

花火的色

如果可以做成GIF动态形式更吸引人。

花火的色

阶段七

测试与调整

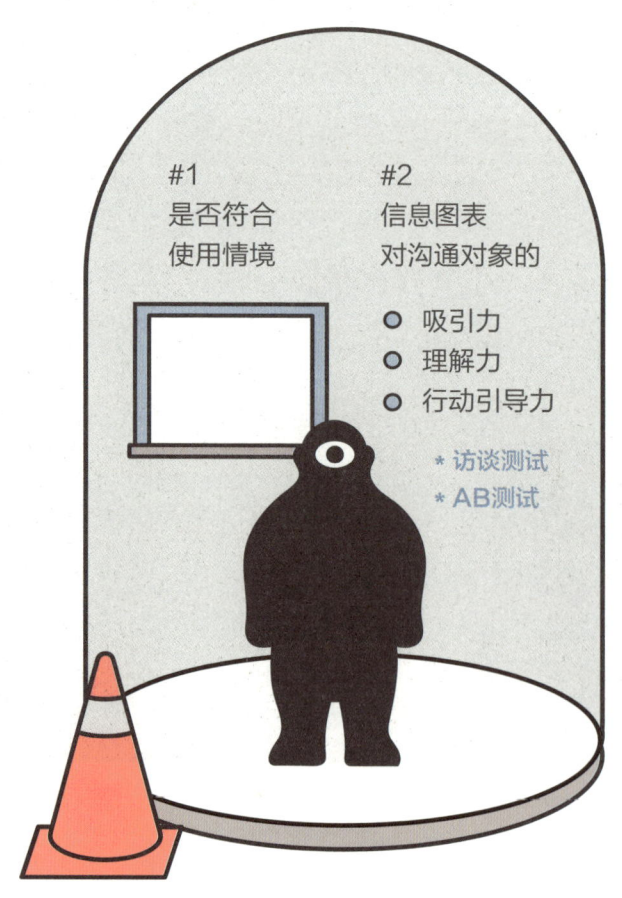

#1
是否符合
使用情境

#2
信息图表
对沟通对象的

- 吸引力
- 理解力
- 行动引导力

* 访谈测试
* AB测试

如果你跟我们一样重视信息传递的成效，

那这个阶段绝对不能省略，

Re-lab为了了解每次的新实验、新作品的沟通成效，

慢慢发展出一些实用又简单的测试方法。

测试可以发生在任何一个阶段，

下面要介绍的案例是在"研究沟通对象"这个阶段。

信息图表完成后的测试小技巧分享

你可以带着作品找几个沟通对象问以下问题，但记得问之前要先设定对方看到信息图表的情境再请对方作答，如："请想象你某天下班后在家里没事滑手机，看到有个朋友分享了这张图。"

测试问题：

给对方看十秒钟就把图收起来，问他看到了什么、对这张图有什么感觉、觉得这张图在传达什么信息。回答完后再给他看三分钟，再问一样的问题。

（可以测试信息的重点是否成功视觉化呈现，同时了解视觉动线设计是否妥当。）

以Info2Act之正确认识ADHD为例
案例学习主题
将设计好的作品拿去进行现场访谈，可以快速学习到更多东西

前情提要

ADHD（注意力不足过动症）听起来离我们的生活很遥远，但其实不然，ADHD 的三大特征——过动、冲动与不专心，每个人身上或多或少都有，若严重到影响生活、学习、交友及自信心，就需要更专业的协助与更耐心的理解与互动。但可惜的是，对 ADHD 的不察和误解，常让需要帮助的小朋友们失去得到正确协助的机会，进而对人格养成、人际关系和学习信心等发展形成影响。

Info2Act 和 Re-lab 希望借由这次合作，用小测验结合信息图表的形式接触到潜在相关的群众，并通过他们把正确的知识散播出去。

沟通目的

让民众更正确的认识ADHD相关知识，进而提供更适当的协助，尤其是容易接触到小朋友的群众，因为从小发现并提供适当的协助非常重要。

制作主题

❶ 如何判断有没有ADHD？（ADHD的特征与专业判断途径）

❷ 为什么会有ADHD？（ADHD的成因）

❸ ADHD的治疗方式及途径

沟通对象

❶ 从事教育相关行业者

❷ 家长

❸ 过动、冲动与不专心特征较明显，甚至怀疑过自己有ADHD的人

测试网站入口图吸引效果及概念包装方向

我们不确定用什么样的概念包装和切入角度更能够吸引到沟通对象来互动，因此想要用社群实验快速地进行AB测试：

我们设计了两款文案与图像，并且请有兴趣的人填写问卷，让我们更进一步了解其想法和建议。

第一款图像及文案我们设计时从了解自己（或自己关心的人）出发，第二款图像及文案我们则是从扭转ADHD印象的概念出发（这些名人也有ADHD！），希望用"名人"及"秘密"吸引目标群众。

第一款图及文案

"你知道自己的过动、冲动和分心指数有多高吗？

你常常静不下来、坐不住吗？

你经常打断别人说话，和其他人发生冲突吗？你房间经常很乱吗？

想做个测验了解你自己吗？来帮助我们完成这个测验游戏吧！"

于实际贴文中附上问卷链接请网友作答，让我们进一步了解其想法。

第一款测试图

第二款图及文案

"威尔·史密斯、比尔·盖茨、金·凯瑞、理查德·布兰森等名人，皆有好动的童年，甚至是让家长、老师头痛不已的问题人物！你知道吗？他们其实都有注意力不足过动症（Attention-Deficit / Hyperactive Disorder，简称ADHD）。"

根据统计，台湾地区儿童有 ADHD 的比例大约为7%—8%，平均每个班级都会出现一到三位这样的小朋友。但只要他们通过专业医师的诊断及治疗，通常就能改善他们过动、分心、冲动等症状，让他们的生活及学习状况改善。

（参考资料：高淑芬《家有过动儿：帮助 ADHD 孩子快乐成长》）

你认为ADHD对他们来说，是一种阻力呢，还是他们成功的特质之一？想知道更多消息欢迎留下资料：（问卷链接）

（2015年数据）

第二款测试图

简单分析贴文测试成效

扩散率及填答率

第二款自然扩散的成效比第一款好得多，但第一款表单的填写率较第二款来得好，我们觉得一方面可能是第二款比较是以"名人"及"秘密"为吸引力，所以扩散力高，但因为与自身的连接不高，所以填写表单的意愿不高，而第一款比较是以了解自身出发，所以填写表单的意愿高许多。

填写表单族群分析

第一款和第二款图文表单填写族群皆以十五岁至三十岁为主，但身份有上班族及学生这两种明显的差异，且各自都占多数。

后续设计

我们更希望接触到对这主题有共鸣，且愿意深入了解的人，因此根据测试的结果，决定了游戏包装方向："将 ADHD 三大表征——过动、冲动、分心包装为个人特质测验"，让使用者先以了解自身（或自己关心的人）为出发，再进一步以交互式图表的形式更深入了解相关信息。

为了让使用者更融入测验，我们将测验题目加上情境包装。因为前测表单显示上班族及学生皆为重要沟通对象，所以我们将测验入口分为上班族及学生两大情境。通过个人特质测验结果吸引受众进一步主动地探索相关信息。

Chapter 3
经典秘籍

原来
他们
都这样做

1

访谈主题

医学领域信息设计之经验分享

　　谁说医生不会走出白色巨塔？谁曾经对生硬的专业知识推广失去信心？从Info2Act的创始成员口中，你将能一探专业知识拥有者和设计师一起合作信息图表的过程与挑战，更重要的是，你会发现，渴望散播有价值的信息的热情，原来可以通过信息图表传递到这么多人的心里！

关于Info2Act

Info2Act共同推广者、防疫医师

　　Info2Act成员由信息设计师、自由工作者和具医疗背景的专家组成，先前的作品多专注于制作医疗健康议题的信息图表，希望通过信息设计的方式，推广更多专业知识，拉近这类信息与民众的距离。作品包括《阿斯的厚帽子》、抑郁症信息绘本《不要再说加油了……好吗？》。

Q——Info2Act做了很多跟医学相关知识推广的信息图表，请问每次是怎么决定要推广的主题呢？

A——我们团队的专业知识本来就是偏医学方面的专业，这方面也是大众最不熟的，是信息设计很好的切入点。

一开始成立的契机是当时想普及埃博拉病毒的知识，因为大家都对这个传染病很陌生，所以从它开始。

信息图表是一个新兴的工具，在医学领域来说是一个很好的工具，可以更有效率地跟一般人沟通。医生常常花大把的时间在把主观及客观的艰深医学信息传达给大众，如果可以一次用信息图表对大量的人做解释，对我们这个专业是很大的帮助。

我们是非营利的团队，所以对主题的选择，其实就是依照我们自己的兴趣。而很多医疗课题都是潜在主题，是做不完的。社会议题我们也有想做，但毕竟不是我们的专业，所以就需要跟其他人合作，会需要较多的时间。

Q——不过我们看到你们也有做一些跟医学没有相关的信息图表，比如"改变，从回家开始"，可以说说这些不是医学相关的信息图表制作的动机吗？

A——这个项目是有合作单位来找我们合作，合作方负责提供信息的。其实信息设计很大一部分的重点是"知识的来源"，除非是我们自己比较熟的，不然就会花很多时间在搜集资料上。由于我们团队大多都是兼职投入，所以最有效率的做法就是找合作伙伴负责提供资料。

Q——你们项目进行流程是怎么样呢?

A——开始订立主题后，会先跟这领域的专家讨论，并锁定要传达的关键信息，对我们来说这样的流程可以很快过，因为我们自己就是医疗领域的专家，所以很快就可以决定关键信息。

接下来就是讨论如何呈现并构思内容。

当我们有固定设计师的时候，就可以直接跟设计师订立架构，但因为现在没有固定合作的设计师，所以我们自己会需要花更多的时间构思作品架构。

像阿斯伯格项目，当时会选这个主题是想要一个比较有话题的主题，再加上我们团队的专家都是医疗背景的，所以想说还是选择比较熟悉的医疗相关主题，很多民众都有听过"阿斯伯格"这个词，但都不太了解，所以那我们就觉得这是不错的方向，就以这个为主题。

选了主题之后，我们就讨论说要传达给民众的信息是什么? 很多人可能想说要呈现这样的议题要把如何诊断、它和自闭症的关系、各种可能症状讲得很清楚，但我们看了很多资料后，觉得要把这些事情讲清楚其实不容易，民众也可能很难懂，所以后来我们就把要传达给民众的主要信息设为"阿斯伯格症不是一种病，比较像一种人格特质"，试图呈现具有这样人格特质的人和其他人有什么不同；另外我们也会希望带到"行动"这部分，也就是一般民众要怎么样和这些人相处。

接着，根据这个设定，我们就开始想说我们要呈现的内容，而内容和形式也有关系。因为我们第一个作品埃博拉用 Facebook 相簿形式算蛮成功的，所以想说阿斯伯格这个项目（是我们第二个作品）也沿用这样的形式；也因为如此，我们觉得内容就限定在八到十张之内，架构就慢慢形成了。我们设定每张都会有一个要传达的重点信息，接着就会再设定每个信息下要传达的小信息。

我们设定每页的关键信息后，就会去想怎么样安排顺序逻辑会比较顺，像阿斯伯格项目，每页安排逻辑就是一开始先介绍阿斯伯格的简单定义，接下来就会跟我们关键信息的设定有关，即是呈现阿斯伯格的人格特质，比如说举名人的例子，因为这样比较有趣，大家也比较有感；再接下来，就会有一些解释性的内容，比如说跟自闭症的关系、跟性别的关系、盛行率①等。

在订定主题及关键信息这部分，比较是我们医师单方面决定的，

---

① 某种事物的流行率，用在医学名词是指某种疾病在人群中的流行率。

因为我们是比较熟悉这议题的人，所以我们会希望照我们想操作的方向去做。接下来每页呈现的信息架构，我们就会开始和设计师讨论。通常设计师也会看一些资料，我们和他们讨论时，就可以知道原来一般人想知道什么。这时候其实也开始进行资料分层，比如说在阿斯伯格这个病的简介页，第二层信息就会是阿斯伯格是什么，它和自闭症的关系，比较细节的问题就会到下一层才讲，例如它的盛行率、男女比例等。这个订出来之后，也就可以去讨论整个页面信息架构的版面安排。

Q——和设计师沟通有什么诀窍吗？

A——跟设计师沟通有点像是我平常和病人解释事情那样，尽量都是以最直接、最简单的方式去说。尽可能不要用专业术语去解释事情，因为这样对设计师要去消化或去想要怎么呈现信息来说都没有用。

再来要注意的，就是沟通要很明确、清楚！当要把信息交给设计师的时候，要跟他解释清楚，当他不了解，他呈现出来的内容也不会对。

Q——当你们开始进行一个项目的时候，你们如何规划项目时程？

A——因为我们比较多项目是自己发起的，所以项目时间的规划会比较松散。搜集资料、定草稿大致会在一个星期内完成，而整个项目一开始都会抓一个月左右，但其实后来跟设计师们合作时都会花很多时间磨合。与他方合作的案子则大多是一到两个月内完成，比如抑郁症的作品。而其中我觉得最花时间的地方，就在于资料的修正以及沟通。

Q——制作信息图表，你们通常是怎么分工的呢？会有哪些角色参与呢？那彼此又怎么合作的呢？

A——我们的组织是非常扁平的组织，彼此都会提供意见，每个人也都会兼做一些事，并没有分那么细。团队比较完整时会大致分为专家、设计师、项目经理（讨论架构、管理进度）。以前有固定配合的设计师时，设计师可以身兼设计及管理项目的架构等，现在没有固定设计师的话就变成我来做。

我们组织的角色分工比较有弹性，不会特别固定角色。小团队其实蛮容易达成共识，因为我们也没什么业主的压力，就是彼此达成共识，很自由的。不会砍掉重练，信息控管部分我们掌握的蛮好，大方向很少做很大的变动。

关于要怎么避免信息架构大改，我觉得团队在讨论信息架构的时候都必须要有一个共识，就是这次讨论大家都必须要仔细看过资料，并且知道这次讨论结果就是定案了，若之后有人突然提出觉得后半部其实要改成怎么样才比较好，我觉得这是在讨论事情或是工作上都比较不好的做法，而且也是在浪费大家的时间。如果真的之后才发现有什么错误必须要修正，那就是要看你自己怎么取舍了，想想看是不是可以用微调的方法减少一些制作时间。我觉得这是团队在工作时，大家对于工作流程必须要有的一个共识。

当进入设计师制作的部分，要怎么避免画好后重新大改，我想就是每次在讨论的时候，我都尽量解释清楚我们想要呈现的信息，而关于设计的部分，就交给设计师的专业，比如说画面要三分割还是四分割、人物角色要怎么安排、颜色要怎么用等等，这部分我们就比较不会有意见。

像阿斯伯格项目就有碰到草图一直修改的状况，可能今天觉得这个信息这样呈现比较好，到明天又觉得另外一个呈现方式比较好，但我们设定的信息架构还有细节信息几乎不会改变。毕竟阿斯伯格这个比较深的议题，要把它呈现清楚比较难一次到位。

Q——你觉得在项目开启前订立目标跟沟通对象是必要的吗？是怎么订立目标及沟通对象的？

A——是，但不会像广告、营销公司那么精确，不会有什么主打的目标客群，因为大部分我们主推的医疗议题都是与大家切身相关的。Facebook是我们主要的发表平台，所以我们直接就设定TA（目标客群）是脸书高强度使用者，有诸如年轻、活跃等特质。而作品的风格还是依据我们想要讲的事情，比如埃博拉病毒时，就会往比较客观理性的风格出发，颜色则是用红色，有末日的感觉；阿斯伯格项目时则是考虑到是跟爸妈、小孩、老师沟通，所以选用绘本的风格，比较亲切。至于目标并不会特别订立，主要就是说完我们想讲的事就好。

Q——看到你们满多作品的包装方式都是有一个故事主角，以他发生的事为中心讲述相关信息，比如阿斯伯格、抑郁症、失智等都是这样，请问你们对于这样的包装方式有特别的偏好吗？或是这样的包装特别能达到什么效果呢？

A——因为这些疾病都是偏向身心，比较适合从情感、主观叙述出发，而图表、数据比较冷的呈现方式我们就不考虑。举例来说，像做埃博拉和MERS图表的时候，比较偏疾病的介绍跟解释疫情的现况，就比较多客观的数字和图表呈现，而像抑郁症项目的表达，并不是直接用文字呈现就可以的，只呈现数字的话我觉得没有什么意义，但是透过塑造的角色，观众容易进入情境，我们另一个介绍失智症的项目也是用与老人家相处的故事来表达。所以主要还是要看你要介绍的议题与资料取向为何。

Q——你觉得有些作品表现得超乎寻常的好，有些表现得不如预期最大的原因是什么？

A——网络上图表要传播得好我认为除了本身质量要好外，另外一半就是看议题的关注度。我觉得台湾人很关注心理的议题，所以观众很快地可以带入自己或身边的其他人，传播力会很强。

Q——当你们确定这次推广的主题后，你们怎么确定呈现方式呢？例如什么时候用一张信息图呈现、什么时候用懒人包等等？

A——看信息的特色，若是主观叙述情感类的议题就是用故事、用角色等去包装，而客观理性的数据就是用图表呈现。

Q——信息图表通常会含有大量的信息，请问你都是如何安排信息层级的？有什么诀窍吗？

A——我会先给出一个架构，列出疾病主要的推广重点，剩下需要补充的信息有哪些，借此分层出主要信息、第一层、第二层等。这样的工作主要就是由专业的人进行，再进一步搜集其他人的意见。

实务上像阿斯伯格绘本的话我们会先设立关键信息，其他的信息就是根据这个信息延伸。淡化次要的信息，最后再点缀上有趣的元素，象是名人、四大症状等。

Q——问了100个人就会有100种意见，请问你们是怎么在众多的意见中取得平衡呢？

A——我们通常做到接近完整的时候，就会给内部的人先测试一下。其实我们的内部伙伴就是很好的测试对象，他们就是一般大众，也就是我们设定的目标对象。

Q——你们会如何评估自己的作品是否达到目标？哪个作品你们觉得特别成功，为什么？哪个作品你们觉得没有达到预期的期待，你们觉得原因是什么？

A——阿斯伯格项目应该是最成功的。那个成功真的是意料之外，直到现在都还是时不时有一些民众传信息来问手册还有没有在卖。我身边的专业人士朋友也都很喜欢这个作品，是真的有实质价值的，在专业的人的手上也得到肯定，这点让我觉得很开心。

Q——你们觉得怎样算是一张好的信息图表？

A——具备专业的可靠性及有趣（用一些新的尝试）。新的尝试有类似之前的失智项目，我们尝试用绘本的方式；而其他我们自己现阶段没办法做到的但觉得很有趣的尝试，则有以游戏化的方式（急诊人生）、问卷游戏（通过回答不同问题，给你不同信息，最后给你统合的结果）、动画等。

Q——Info2Act接下来的目标是什么呢？想做什么新的尝试吗？

A——我希望我们做出来的东西是连专家都可以打动，并且真的可以帮助到他们的东西，更好的话希望让一般人看了以后，也可以化为行动。

其实因为Info2Act的成员的本业都不是在做信息设计这块，而且我们是一个非营利的团队，所以只要我们想做的议题都会想尝试看看，我们也会尝试运用不同的载体来试试看，比如说数据新闻，我们团队最近也有人对这个蛮感兴趣的，可能会想做做看；还要资料视觉化，能不能跟我本身工作做结合，我能不能用Info2Act的资源来做一些不一样的尝试，都是有可能的。

我想我们会不断地做尝试吧！因为我们这个团队其实没有一定要获利的压力，没有说一定要找到哪个模式来获利，所以什么尝试都可以试试看。

Q——你们觉得信息图表未来的发展是？

A——我觉得像Facebook相簿或懒人包已经不会再出现什么热潮了，但信息设计还有很多形式，我觉得它会往两个地方发展，一个是比较偏深度的，例如专业人士工作上可能会感兴趣的资料视觉化，把资料利用视觉化的方式做进一步的深化；另一个则是朝广度发展，比如数据新闻，把很多不同的议题都用视觉化的方式来呈现，中国台湾现在有些媒体也有往这个方向去走，虽然还比不上外国一些已经发展很成熟的地方，比如说《纽约时报》，但这种东西就没有说流行不流行了，它就是一种呈现新闻的形式。若是没有特别专精的专业的话，用有趣的方式呈现也时常可以让人惊艳！信息不一定要很深，具有很强的传播力也是一种方法。但在介于深度与广度两个极点其中的我都觉得会有点不上不下，不然就是要有办法跟专业人士及媒体沟通。

Q——对刚想要踏进信息设计界的新锐设计师有什么建议吗？例如需要具备什么能力？该有什么样的心态？

A——对人对事都要有非常强的好奇心，失去好奇心后就不会有好作品。另外沟通能力，不管是对一般人，还是对专业人士的沟通能力，我觉得这在信息设计上尤其重要。

不要再说加油了

……好吗？

但如果只是有时心情不好，或陷入低潮，这样也算是抑郁症吗？

抑郁症 ≠ 心情不好

不开心 —— 每个人都可能发生
情绪低落维持不到两周，仍能维持正常作息
抑郁症 —— 需要经过专业诊断
情绪低落持续两周以上，无法维持正常作息

抑郁症患者 ≠ 抗压性低

持续压力累积导致抑郁症，抗压性也因生病而变低

抑郁症 ≠ 自杀

抑郁症并非自杀主因，轻生念头只是为了脱离痛苦的感觉，并非真的想要结束生命

抑郁少年
无法清楚表达而容易被误解为叛逆与孤僻

抑郁成年
担心影响连累他人或造成自己负面形象而选择隐瞒

身边一些知道情况的朋友，常常会这样……

叫我作息正常早点睡

给我很多人生建议

劝我多运动多出门走走

总是对我说加油

帮我介绍各类社团或活动

我知道你们都是为我好，但却让我有更大的压力

当我抑郁的时候，大家都急着给我建议，可是对生病无法马上操作的我来说，只是带来更大的压力。别再对我说加油，好吗？
你可以说……
我看到你的努力，我支持你

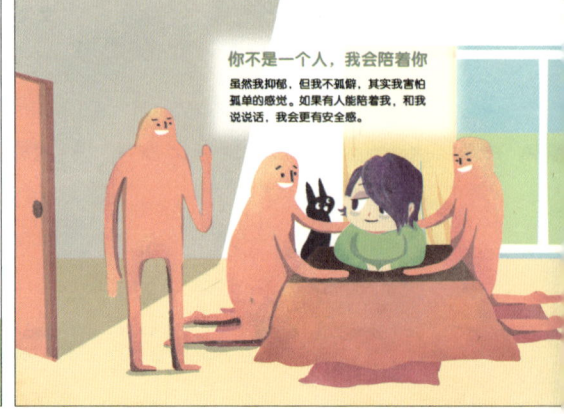

你不是一个人，我会陪着你

虽然我抑郁，但我不孤僻，其实我害怕孤单的感觉。如果有人能陪着我，和我说说话，我会更有安全感。

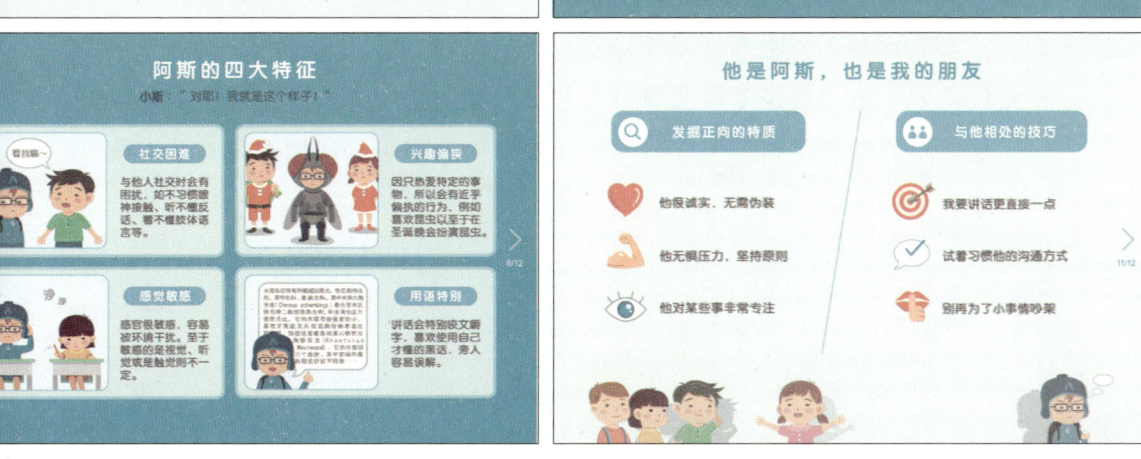

访谈主题
信息图表制作经验分享

看似平凡无趣的信息到底怎么转换成有趣的信息图表？再怎么冷的知识通过刘家玮的脑袋，只要擦出火花，就一定能变出让人眼睛一亮的作品，设计师的脑袋构造有什么特别的地方？让我们一起跟着刘家玮的思路走一遍，通过访谈从不同的脑袋中体验创作的乐趣！

关于刘家玮

Re-lab共同创办人、冷知识达人

平面设计师、Re-lab的共同创办人。大学念台大工商管理学系，自学设计，参与Re-lab许多商业项目，并自发性制作许多信息图表，如台湾小吃、图解健美比赛七大姿势等，在设计信息图表领域拥有相当丰富的经验。

Q——当脑中有一个可发展的主题成形时，会如何规划项目时间？

A——通常有一个主题想法的时候，脑中会有初步的构图，再去找这样构图要呈现的资料。例如像"台湾小吃"，就是先想形式的构图，再去找这样构图的资料。

Q——做一张信息图表会花很长时间吗？平均花你多长时间？

A——需要视形式和风格而定，但大概能在两周内结束。

Q——平常是怎么搜集、构思主题的？

A——我的计算机里面有一个随时记录灵感的资料夹，想到什么主题就先将它开一个资料夹，之后若找到什么参考也会将它放入这个资料夹，另外我也会随时用Evernote记录灵感。

Q——怎样的资料适合拿来用信息图表的方式呈现？

A——要有可以呈现的数据，例如年份、金额等，若没有的话，也要有可条列式的资料，例如五大×××。还有最好要有可以比较的对象，例如今年度和去年度营收比较。

Q——你觉得订立目标跟沟通对象是在项目开启前必要的吗？是怎么订立目标及沟通对象的？

A——我会在项目开启前确立目标，确立目标之后对沟通对象会有一个初步的想象。接着会去了解沟通对象的背景信息（例如性别、年龄、职业、对主题的熟悉度等），以"换位思考""以人为本"的原则发掘目标对象的深层状态，并且通过访谈及同理心地图等设计工具，对目标族群的信息进行归纳与关联建立全面而深入的认识。有了目标族群的具体形象之后，创意构思的时候便可以想象自己正在和目标族群对话，思考怎样的故事和情境能够引起对方的兴趣，怎样的譬喻和说明方式能够让对方理解。

Q——平常会使用什么思维工具吗？是思维导图之类的？

A——我会用有点像思维导图的东西，去想事物的关联，例如主题定"妖怪"，把联想到的事物都列下来，如魔神仔、上班族等，借由这样子的方式，也能让我去想画面的编排。

Q——如何确定呈现方式？平面、gif、懒人包等？

A——我主要都以平面设计为主，因为平面设计的泛用性比较高，例如要延伸到海报上使用都比较方便，而且我认为若可以用一张图完整表现的话，就尽量用一张图就好。也因为我是平面设计师，做平面是我比较可以掌控的，自己独力就可以完成了。

Q——你是怎么判断哪种资料类型适合用怎样的图表呈现的?

A——常见的图表类型大概就是直条图、圆饼图和折线图这三类，我觉得直条图是很适合图像化的图表，因为资料间彼此独立，一个个长条容易用其他图来取代，但像圆饼图比较的方式是用角度大小呈现差异，就难以用其他方式图像化。此外，我觉得若这个画面主要都是纯粹以图表呈现，没有很多需要图像化的地方，就可以选用一些比较特别的图表。

Q——最喜欢、常用的风格参考平台是?

A——Behance最常用，偶尔会用Pinterest。

Q——信息图表通常会含有大量的信息，请问你都是如何安排信息层级的? 有什么诀窍吗?

A——版面最大的信息、最重要的信息我觉得只能有一个，但次要的阶层我觉得就可以同时有多个。例如最重要信息占40%，就不能有其他信息也占40%，次要层级的信息占20%，就可以同时有多个都占20%。

Q——会在制作的过程中请符合目标群众轮廓的观众测试吗?

A——我自己的个人作品几乎没有做这一个步骤。

Q——问了100个人就会有100种意见，请问你是怎么在众多的意见中取得平衡呢？

A——我会把意见分层级，例如说字调大一点、图往左一点等这种不造成画面结构改变的意见，会依制作时程看状况修改。若会影响结构的，会再多问两到三人的意见，但若调整规模太大的，我可能就会先忽略。

Q——你会如何评估自己的作品是否达到目标？

A——会看粉丝专页反应，如果反应不好可能会自我检讨，作为下次作品要注意的地方。

Q——当初是如何入信息图表的坑的？

A——刚开始接案时，有一个案子是关于制作信息图表的，从这个开始之后，就接到越来越多信息图表的案子，发现这个市场蛮大的，算是误打误撞。

Q——你觉得信息图表未来的发展是？

A——因为阅听人阅读习惯的变化、载体的变化，我觉得未来会有更多跨领域的合作，例如将信息图表设计原则应用在界面设计，在一个画面内用最有效率的方式传达信息。

Q——你觉得怎样算是一张好的信息图表？

A——架构明确，可以一眼就看出这张图要讲什么；要整张图是一个整体，而不是被切割成很多部分，彼此好像没关联。

Q——自己最满意的一个作品？

A——可能是"台湾小吃"这个作品吧，因为原本作品是一个平面，后面变成动态，效果出乎意料的好，算是满意的作品。

Q——对刚想要踏进信息设计界的新锐设计师有什么建议吗？

A——要有对事物的好奇心，要有自己的风格。

NIKE
AIR MAX 95
ULTRA
人体。
结构强化 轻量进化
源自经典
潮流与舒适兼具
肋骨。
肌肉。
皮肤。
脊柱。

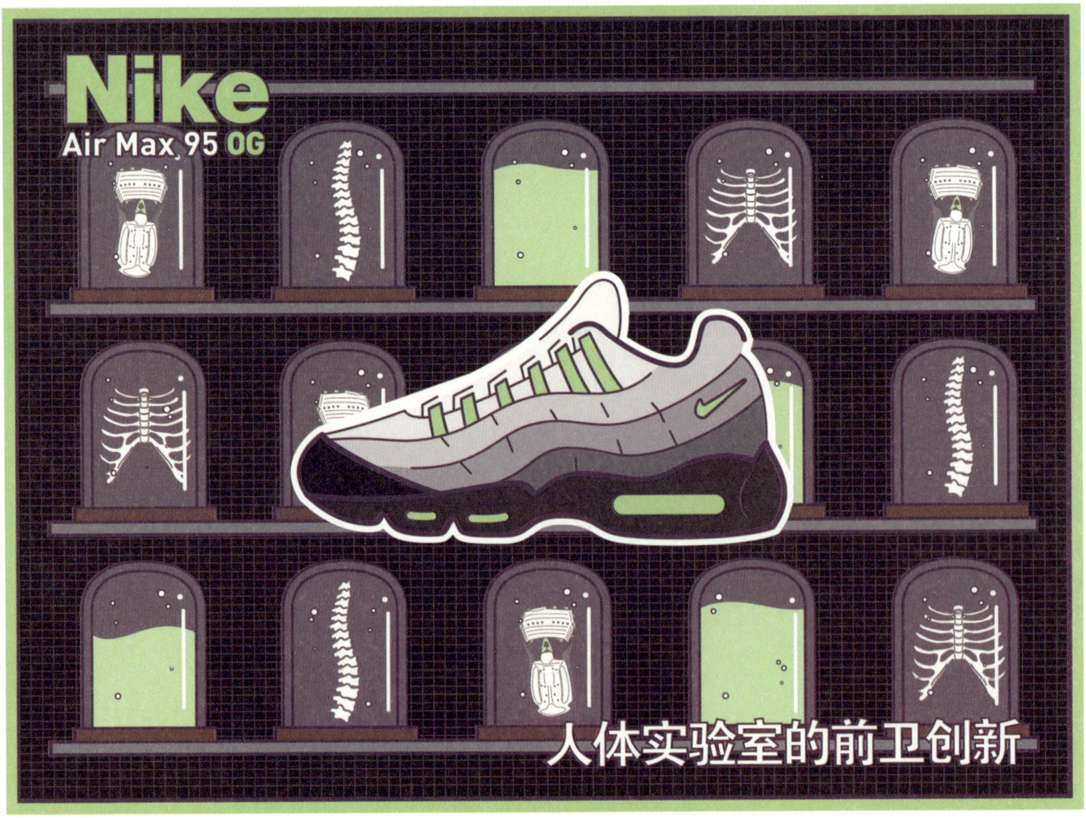
Nike
Air Max 95 OG
人体实验室的前卫创新

珍珠奶茶

吸管		Fat Straw
杯盖		Plastic Cover
奶茶		Milk Tea
糖浆		Syrup
珍珠		Tapioca Pearls
冰块		Ice Cube
杯具		Cup

树界最高

世界上最高的五棵树

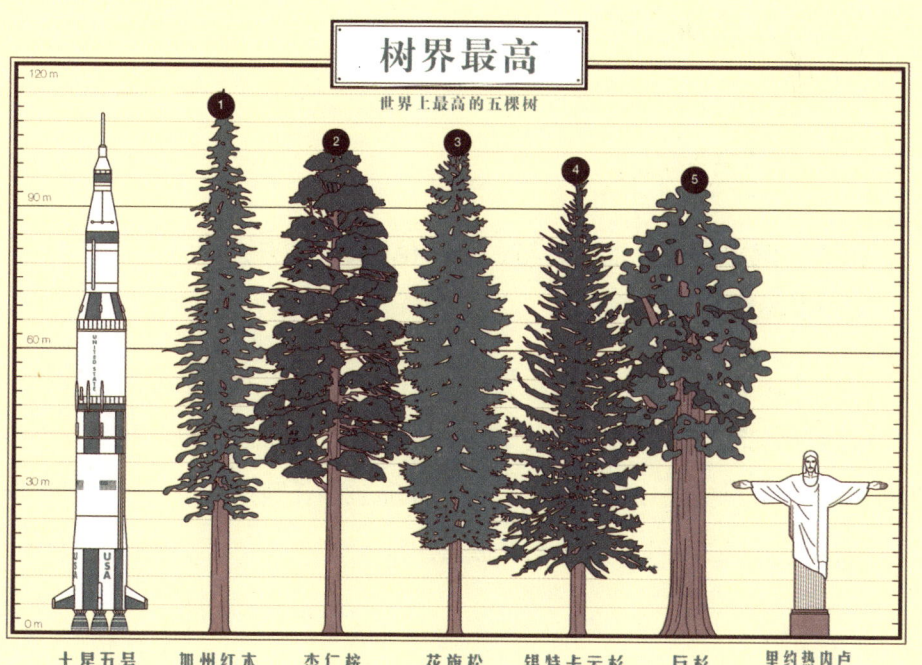

土星五号	加州红木	杏仁桉	花旗松	锡特卡云杉	巨杉	里约热内卢基督像
110.6 m	115.6 m	99.8 m	99.76 m	96.7 m	95.8 m	39.6 m

3

访谈主题
信息图表制作之经验分享

如果你重视社会设计和社会参与，那么这则访谈内容一定能带给你很多启发。信息图表最重要的功能就是"沟通"，但是其实"沟通"早在制作前和制作的过程中就已经不断在发生，吴培弘为了用信息设计改变社会上的问题，其中遇到"沟通"的挑战想必不少，信息图表设计师的沟通力都藏在这篇访谈的字里行间。

关于吴培弘

致力于信息设计之社会参与、Re-lab共同创办人、
Info2Act共同创办人

信息图表设计师。就读于台大生态所，有感于生态及科普教育推广不普及，因此试图用信息设计的方式推广。他相信信息设计可以达到知识传播的目的，甚至也能让人行动的改变。作品包括《阿斯的厚帽子》《群众募资报告》《浪孩起步走》《老鹰想飞》等。

Q——当脑中有一个可发展的主题成形时，接下的制作流程会是怎么样？

A——了解问题： 若讲商业案的话，因为通常客户都会很快就陷入结果，比如说他们觉得这个项目适合做懒人包，但我通常会先退一步，先去跟客户深入访谈，并了解这个项目的利害关系人，比如一些新创企业的头儿，他们可能只是这个利害关系中的一环，但若去问业务，也会发现他们另一个角度的需求。所以通过访谈利害关系人，去全面了解这个问题的现况。若客户不是这个领域的专家，也还会去询问相关领域专家。

若是自己想做的项目的话，例如阿斯伯格项目，我们会先去找阿斯伯格症患者，了解他们的心路历程，或是患者的爸妈、朋友了解要怎么跟患者互动等，另外我们也会去问阿斯伯格相关的专家，例如精神科医师，了解患者们通常会遇到什么问题，或者有什么知识是一定要给观众知道的。

确立沟通目标： 例如今天希望做一个关于戒烟的科普文章，通常科学人的角度可能就是给你看肺的状况、抽烟所造成的死亡率，可能只是让人了解到吸烟很可怕，达不到要戒烟的目标。所以要去确立目标，比如说可能只是希望把某个东西讲得清楚，例如教科书上的图解，有些可能希望有call to action（呼吁去行动），诸如希望你去下载、购买、捐款等，去改变一些行为。

了解沟通对象： 比如前面讲到的吸烟的科普文章，若不了解吸烟的人是怎么想的，有可能下标第一段就踩到人家地雷。又比如有些社会议题是有两方对立立场的，可能有一方想要说服另一方，但若不了解对方，很多时候都只是激化对立而已。如果沟通对象对这议题以往比较没有接触过，其实是很好置入，但若沟通对象本来就有一些立场，那我们就要深入了解他，思考要从什么方向切入。所以了解沟通对象，找到好的策略，才能达到前面的沟通目的。

安排资料： 针对前面步骤订出来的方案搜集可以说服的工具，例如各种资料、信息、量化的数据、质化，再看这些要怎么组织成一个故事。不同的对象接收的渠道也不一样，例如年轻人可能多是从 Facebook 或从博客接收信息，老一辈的可能就用 Line 上的图或实体的书等。

测试： 不同的项目有不同做法。但因为我现在的团队都较小，所以是采用敏捷开发的方式，可能做一下 Prototype（样品），让使用者看一下他们有没有兴趣，会不会被说服，可不可以理解。通常会在处理资料的时候给别人看一次，草稿的时候也会再给别人看一次。得到的意见，我们会自己去判断意见的价值。有时候若感觉到客户对画面其实已经很有想象了，我们也会和客户一起沟通讨论，请客户画出他想象中的图，这样彼此也能减少作品成品的落差。

A——最花时间是使用者研究，再来是资料处理。

现在坊间在做信息图表的人很多不太重视使用者研究的价值，大部分的人对这部分的了解只是觉得它是找使用者做访谈而已，但其实它有很严谨的方法。

资料处理也是很重要的部分，像我们做流浪动物项目，资料处理花了最多时间，它会影响到你这个作品的目的有没有达到、策略对不对、资料有没有公信力等，而且每个领域的资料可能都有不一样的处理方式，有时候你可能问了很多专家的意见，还必须要去多方查证。所以我觉得资料处理是设计师最需要花时间处理的地方，也是一个设计师的责任，设计师需要做资料的把关，就算你不是这个领域的专业，你也要想办法去处理它。

而之所以我觉得这是设计师的责任，是因为我觉得现在有很多信息图表只是在做图像化，但资料处理得很浅，所以你可能看到很多漂亮的图表，但接收到的信息可能是垃圾，以前是信息爆炸，现在可能是信息图表爆炸。

Q——做一张信息图表会花很长时间吗？平均花你多长时间？

A——看规模。小规模（四到五张信息图）的可能两个礼拜就结束，但前面讲的项目流程可能就不会每个流程都跑到，比如说可能没空做使用者研究，或是客户没预算的话，就会将使用者研究这块精简；大规模的话，可能就要到三四个月。

Q——平常是怎么搜集、构思主题的？

A——像埃博拉、阿斯是我想尝试用信息设计向大众沟通科普议题的价值。一开始我会选择医疗，是因为我本身是念生态的，但因为这个专业太冷门了，大众对这个兴趣不大，所以我倾向先找一个复杂、抽象，但又与大众有连接度的主题，所以就往医疗、保健方面发展。做了之后，效果还不错。之后我做"老鹰想飞"，那是我自己去找台湾猛禽研究会谈的合作；流浪动物则是我想做一个跨领域的议题，它是在讲饲主责任教育，需要很多不同领域的专家，比如兽医、社会学家、心理学家、动保法专家、民间NGO等。我们需要多方整合，想出一个策略向大众传达饲主责任，所以做这个项目我觉得影响力比较大。如果做起来应该很厉害的，也可以让我看出信息设计在这块能产生什么价值。

我有点子的话，就会直接"写在"笔记本上，把NoteBook当作Notebook写。实行之后的点子我就会把它擦掉。我也会记录在笔记本上，并拍起照来。通常我大概有两三个同时在做的东西，而我的灵感就会建筑在这两三个主题加成上去，而不是去一直想很多其他主题。我比较会想要先把一个领域的议题做深，再去耕耘其他领域，因为我觉得先做出代表作是比较有意义的。

Q——怎样的资料适合拿来用信息图表的方式呈现？

A——图表的形式有一堆，不同的数据、不同的目的会有不同的视觉化方式。我觉得信息图表不一定要图表，我觉得是翻译的问题，才会有"图表"，让人以为一定要有图表。

Q——你觉得订立目标跟沟通对象是在项目开启前必要的吗？是怎么订立目标及沟通对象的？

A——设定沟通目的的时候就会对想要跟谁沟通有个想象。

像阿斯伯格案想要沟通的人就是一般年轻人，主要是因为大部分的年轻人对阿斯伯格其实都不太清楚，若自己有阿斯伯格的特质你要怎么寻求协助，若身旁有阿斯伯格的人，那要怎么去协助他们。

流浪动物的话，我们针对的是"可以沟通且被说服、理性的新手饲主"，因为他们是那种，不知道这件事所以才做错的那种人，他们可能小时候养过狗，可能因为不知道一些知识，所以不小心把狗养死了，所以我们希望通过传播一些正确饲养知识，他们看到之后就知道怎样饲养。对于那种养狗只是好玩的人，不是想好好饲养，那种可能就不是我们的沟通对象；若要对长辈沟通这件事，就可以先从他的小孩，进而去影响他的父母。

所以订立目标时，可以去想要达到这个目标的话，应该要靠哪一群人从事哪些行为才可以完成。但也有可能目标订立后，去做访谈测试时，发现目标订错，这时就会做一些修改。

Q——平常会使用什么思维工具吗？比如思维导图之类的？

A——没有什么逻辑耶，随性发挥。但就像我前面讲到的，因为我同时会想做两三个主题，所以我平常找灵感的时候都是带着这几个问题去找的，例如看书的时候，发现这本书对这个主题有帮助，我就会记录下来。但我不会特别去整理资料，我大概就是做到知道这样的主题能到哪里去找资料的程度。

Q——最喜欢、常用的风格参考平台是？

A——Behance和Pinterest。

Q——信息图表通常会含有大量的信息，请问你都是如何安排信息层级的？有什么诀窍吗？

A——若要看哪些资料比较重要，哪些资料比较不重要，可以看提供资料的专家是怎么想的，看客户最想呈现什么。若自己想要做的项目，就可看我们的目的是什么，希望观众看完图之后得到什么，那这个东西就会是最重要的。

Q——与其他人的分工模式？比如与文案、工程师或是动画师的角色间如何配合？

A——了解使用者访谈这部分，团队大家会分着做；资料处理会找专家，希望他们能协助判断资料的公信力与正确性，那我们团队的设计师扮演着一个桥梁的作用，连接专家与大众，用比较贴近使用者的角度来参与资料处理这部分。资料处理完的话就由一些比较会说故事的人，如果是动画的话，就会去想脚本、文案；若平面的话，可能就有一些要想剧情，那有一些可能就是捋顺逻辑而已。视觉设计师和文案必须要协作，他们最好彼此要对对方的做法很熟悉，例如想这个文案，画面好不好表现。这样比较能有默契的产出内容。另外，不同作品有不同策略，有些可能还会需要用到粉丝专页营销，所以有时也会有负责营销的人。

Q——你会如何评估自己的作品是否达到目标？

A——其实这个问题我一直也还在想，因为现在有很多懒人包，其实你很难量化最后它有没有达到信息传达的目标。比如流浪动物计划，我们开始可能会做一些Prototype（样本），去测试我们做的事情有没有达到目标；比如说我们想要去说服爸妈改变行为，我们就会找身边有这样情境的人来做测试，看看这样的叙事方式能不能达到这样的目标。但真正要如何量化去知道有没有达到目标，我还没有正确答案。

Q——若作品推出后受到不好的评价，会如何调适心情？有这样的经验吗？

A——现在还没遇到这样的情况，但若遇到的话，我想就诚实以对吧！

Q——怎么进入信息设计这个领域的？

A——因为我一开始读的是生态，我对生态的推广、科普教育很有兴趣，但这个领域的人拥有很丰富的知识，但都不知道该怎么推广出去。信息设计必要的能力我都刚好沾到一点点，像我们科系在做报告时，就会培养一些资料处理的能力，使用者研究这块我在大学就在研究，像是UX、访谈等。我觉得信息设计可以达到知识传播的目的，也可以达到行动的改变。

Q——你觉得信息图表未来的发展是？

A——目前很有发展就是新闻业，这方面的发展已经很成熟，台湾地区其实也发展得不错，比如台湾辅仁大学、台湾世新大学都把资料视觉化加入课程中，许多新媒体也慢慢投入资源。

我觉得只要在沟通有困难的地方，就有介入的空间，例如医病沟通的领域，可以应用的领域非常多，所以就是看谁先做出好的作品。我现在也在尝试用信息设计解决一个社会问题，像以往的懒人包可能都有时效性，但像我现在做流浪动物计划，我就希望饲主只要想养动物，都可以很轻易地接触到这些信息，它就会说服你去做对，我希望把这个时效性降低，所以我会跟很多NGO[①]合作，甚至希望把它置入学校课程中。

形式的话就是看目前发展的科技有哪些可以搭配着信息设计，比如现在很红的AR、VR，以后一定也会有很多厉害的作品。

Q——你觉得怎样算是一张好的信息图表？

A——我觉得可以分成几个层次来看。第一个是你做信息图表的目的是否适当、立意良善，以及资料处理得好不好。举例来说，十大恐怖外食这种图表，你的十大是怎么计算的，通常都只是拿比较惊悚的食物来讲，这样做这张图的目的可能就不纯正，资料处理也不适当。

另外比较表层的就是视觉设计、图表的选用，就是看有没有忠实地呈现资料内容，有没有让读者好去阅读来做评判。

---

① （Non-Governmental Organizations，非政府组织）

Q——自己最满意的一个作品？

A——《阿斯的厚帽子》《群众募资报告》《浪孩起步走》。

Q——对刚想要踏进信息设计界的新锐设计师有什么建议吗？

A——我觉得要有对知识的渴求（好奇心）、要严谨，我觉得这两个可能会是视觉设计师比较缺乏的，因为你要做信息图表的时候，就一定会有很多资料必须要去处理，不只是画画而已，你必须将这些信息用适当的方式呈现出来。使用者研究这个观念也很重要，因为做信息图表的时候，其实就是在做沟通，必须要从使用者的角度出发，但蛮多视觉设计师会缺乏这样的观念。另外就是跨领域合作的能力。因为视觉设计师、科学家要合作一个图表，彼此背景的不同，一定要去了解对方是怎么想的，并且也要很清楚自己不是在做一个艺术，是做信息呈现这件事。

老鹰想飞

风吹过我的身体，轻拂着身上的羽毛，
好像在邀请我，到空中共舞。

再等我一下，等我长大了，
我就能飞上天际，自在飞翔。

FLY, KITE FLY

它叫白小三
是研究人员观察的一只**黑鸢**

坠落的老鹰

不过，为什么我动不了。

只不过跟平常一样吃了几只鸟、几只鼠，
遲鈍却再也抬不起来。
我的视线模糊，
巨大的痛苦在体内蔓延、喘息、悲鸣。

突然，所有感官瞬间消失。
我心心念念的天空，
这儿曾经是我的游乐场啊！
却再也回不去了……

白小三为何死亡？ ▶

中毒死亡的真相

农药＆老鼠药通过食物链进入猛禽体内

误食

鸟 ← **3/5** 黑鸢死于
好年冬（农药）

老鼠 ← **5/8** 猛禽验出
老鼠药

农药＆老鼠药导致
猫头鹰、猫、狗
也中毒

3/8 猛禽验出

DDT 残留

DDT是杀虫剂，可能导致猛禽
蛋壳变薄，繁殖力下降。虽已
禁用多年，但仍残留猛禽体内。

毒鼠毒鸟的恶性循环

造成的结果，对生态环境却是伤害更大

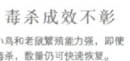

毒杀成效不彰
小鸟和老鼠繁殖能力强，即便
毒杀，数量仍可快速恢复。

老鹰数量减少
1对老鹰每年只繁殖1至2只，
数量一旦减少便很难回升。

用药恶性循环
老鹰变少，小鸟和老鼠变更多，
生态失衡，用药更重。

让老鹰回到天空

你可以通过下列行动，帮助老鹰重返天际

支持改善环境农业
通过消费的力量，购买对环境、
对野生动物友善的农作物。

赞助猛禽研究保育工作
研究的资料是保育黑鹰的重要依据，
赞助请联系台湾猛禽研究会
02-25630367

传递与分享
告诉更多人老鹰遇到的问题。
救老鹰就是救自己！

更多关于老鹰的故事，请到 **老鹰想飞**

台湾地区群众集资报告

2011—2015 回顾 & 2016 趋势分析

2012—2015 关键数据

进入2016之前先看看过去的数字说了些什么

案件数量	赞助金额	赞助人数	人均赞助额	案件赞助比例

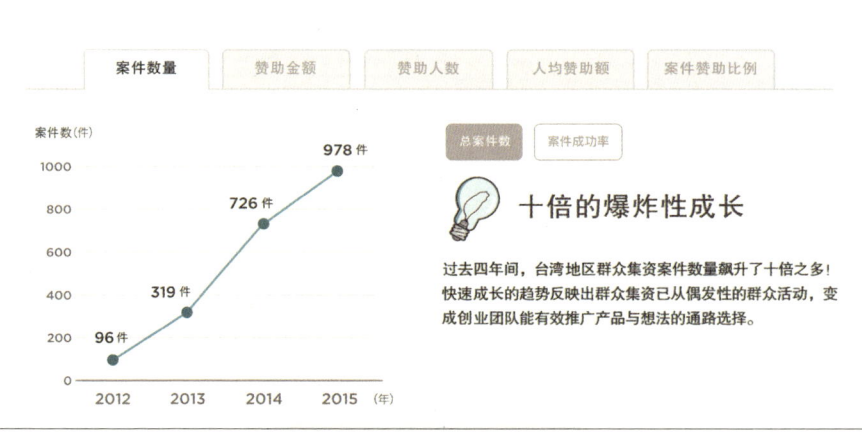

总案件数　案件成功率

💡 十倍的爆炸性成长

过去四年间，台湾地区群众集资案件数量飙升了十倍之多！快速成长的趋势反映出群众集资已从偶发性的群众活动，变成创业团队能有效推广产品与想法的通路选择。

健康检查的好处

定期健检，是家庭兽医给狗狗最好的礼物

活得好

根据检查结果调整饲养方式
让狗狗身心随时在最佳状态

活得久

早期发现、早期治疗，可降低
大部分疾病风险，延长寿命

分散成本

定期检查可避免狗狗累积多种
疾病，造成医疗费的庞大负担

小知识 1

狗狗一岁时已发育成熟，之后

每增加一岁相当于
人类老 4—6 岁

所以每年身体状况变化很大

小知识 2

狗狗习惯忍耐病痛

往往当饲主发现异状时已经
过了最佳治疗时机

7 岁以上

建议每年 1—2 次

一般建议**七岁以下每年一次，**
七岁以上中老年犬每年两次

法律相关责任

"年满 20 才能成为法定饲主，20岁以下以法定监护人为饲主"

良好照顾

提供动物适宜足够的食物饮
水、环境空间和必要的照顾。

结扎&登记

饲主必须为动物绝育并为其
植入晶片和办理登记登记。

严禁虐待

无论放意或过失，严禁任何
人链锁、伤害及虐待动物。

严禁弃养

严禁弃养。未能做妥养安排，
应将动物送至收容所安置。

⚠ 违反以上规定造成有虐待，弃养前科者将不能再登记饲养及领养

领养的价值

领养能使需要人家的狗重新拥有一个完整的家

并不是只有通过金钱买卖才能够取得一只狗
选择借由领养关系建立起的情谊
对于整个社会也将意义非凡

领养流程

带狗回家前，别忘了要完成下列的步骤保护你的狗狗喔。

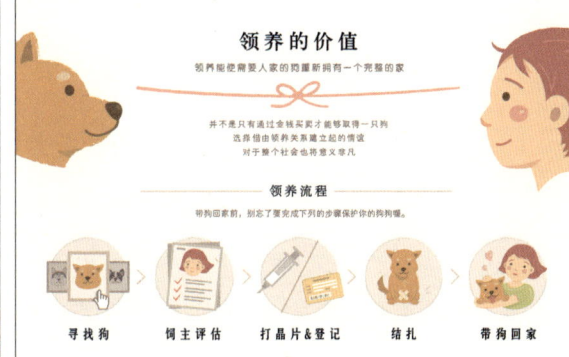

寻找狗 > 饲主评估 > 打晶片&登记 > 结扎 > 带狗回家

4

访谈主题
信息图表的面面谈：评析、制作、趋势

　　日本的信息图表作品独树一格，常常成为我们学习分析的案例，这一次非常荣幸能够访谈Kartz，并且听他们不藏私地和我们分享对于信息图表最重视的要素与未来规划，同样身为信息图表的"后进生"，Kartz有许多值得效仿的地方。

关于Kartz Media Works

infogra.me平台创办者

　　提供国内外企业于日本进行内容营销、公共关系、社群媒体营销的策略服务，并经营"GlobalPRwire""TV-Release""DATA-PR.net""infogra.me"等。其中"infogra.me"为一个供世界各地设计师上传自己信息图表作品的平台，至今已累积相当多的作品，是寻找信息图表制作灵感的好地方。此外，他们也为企业制作信息图表，拥有相当丰富的制作信息图表经验。

Q——Kartz为什么想成立"infogra.me"这个网站呢？

A——Kartz Media Works（以下简称Kartz）是于2011年以信息图表制作事业设立的。

一开始Kartz是以帮助企业做公关宣传（Public Relationship）为事业主体。后来为了将企业想传达的信息整理成更容易让一般消费者所理解、"更有魅力的形式"，进而转变为提供信息图表制作的服务。

开设Infogra.me（インフォグラミー）的契机有两个：

第一个是，我们有感，要让更多人看到Kartz制作的信息图表，就必须要提供一个信息图表专门网站作为舞台。

第二个是，我们想做一个不只是可以阅览，而是任何人都可以自由上传自制或是喜欢的作品、聚集世界上出色的信息图表的平台，我们希望这个平台的存在，可以帮助信息图表这个领域获得更高的认知度与关注度。

本网站目前对应日语及英语两种语言，每天都有来自国内外众多作品的投稿，是世界最大的信息图表专门网站之一。

Q——这个网站上有"Staff picks"，请问你们是以什么标准来挑选要呈现给民众看的信息图表呢？

A——关于Staff picks的信息图表选定基准，我们挑选具有"出色的信息表现"与"故事性"的作品，或是一些"主题有趣"的作品。不只是做得漂亮就好，如何整理说明的顺序，如何表现信息，通过阅读该信息图表可以了解什么，都是我们挑选作品时所重视的部分。

Q——这个网站上有"most popular"，请问你们观察到通常受欢迎的infographic有什么要素呢？

A——我们认为能列在most popular的信息图表，就是具备了上述各种要素。

Q——你们对哪个作品特别印象深刻吗？为什么？

A——地震防灾手册。这是一个以居住在日本的外国人为对象制作的地震防灾手册，特色是即使不懂文字，只要跟着图一直看下去，就能理解地震发生时该采取什么行动，故事建构得非常浅显易懂。

Q——看到Kartz也有经营"DATA-PR.net"，看到你们为客户制作的调查报告中相当注重使用infographic。你们觉得使用infographic于调查报告能带来什么效果呢？

A——"DATA-PR.net"是Kartz新推出的调查新闻稿服务。从前一般企业发新闻稿只写自己的产品或服务，无法取得媒体版面，他们发现必须自己制造大家都有兴趣的"新消息"才能被媒体采用。于是现在许多公关公司使用不是很严谨的市调数据，例如排名、意识调查，争取上大众媒体的机会。

将原始调查报告不容易解读的特征的部分，用信息图表的手法处理，就能更清楚而有魅力地把这个信息所含有的意义与本质呈现给读者。

利用浓缩整理过的信息，配合精美图表的表现，能将艰涩的调查报告摇身一变成为门户网站上容易吸引使用者注意、容易被分享的内容。

Q——通常你们制作一个信息图表会有哪些流程呢？

A——首先我们会就制作信息图表的目的、想要传达的信息与客户讨论、达到共识。下一步是理念的设定、刊登数据的选定与故事设计。接着根据上述的内容制定详细的顺序与信息表现，整理成一张构成案（rough）。在方向确定后，就会开始实际的设计制作，最后经过微调以后就可以交给客户了。

Q——会有哪些角色参与呢？有什么不可或缺的角色或专业？

A——基本的角色分配是由创意总监（creative director）或是总监（director）进行与客户联络、沟通理念、数据选定、时程管理、质量管理的工作。由艺术总监（art director）或是设计师（designer）来制作构成案、构筑图表的世界观，并进行实际的设计制作。

Kartz在这部分采取一人多工的方式，经常创意总监会从客户沟通负责到设计，设计师也会负责理念沟通。如此一来，尽管每项工作都很专业，不容易跨行创作，但理解这些与制作相关的流程，具备执行项目的技能，正是这个工作的必要能力。

Q——成员彼此之间是怎么合作的呢？

A——例如说理念是大家一起想，设计制作来不及的时候，总监就帮团队找助手。不仅考虑每个人的专业，也根据项目的状态，做出柔软的变通。

Q——你们觉得怎样是好的信息图表？

A——我们认为好的信息图表一定要具备三个条件：提供的信息

对消费者（客群）来说"是否够有用"，整理得"是否够简洁"（是否还留有可以删掉不用的要素存在），"是否制作得够友善"（有没有附上图表单位或注解）。

Q——Kartz在信息图表领域接下来的目标是什么？有想要做什么新的尝试吗？你们觉得信息图表在日本或全球的发展趋势是什么呢？

A——信息图表最初是以欧美国家为中心形成一股新趋势，日本虽然作为后进国，对于信息图表的认知也渐渐扩展开来。越来越多不同领域的企业使用信息图表来传达信息，之前主要被运用在宣传、广告等外向型的活动中，最近，作为企业内部的员工教育素材及快速沟通工具，信息图表更再次受到注目。

我们感受到信息图表在"全球化沟通"（global communication）中，正扮演一种突破语言障碍的有效沟通手段。在这个越来越多元化的社会中，面对越来越多元化的需求与课题，Kartz希望今后也能开发摸索更多能用信息图表解决的事情，并且持续向世界推出优秀的信息图表。

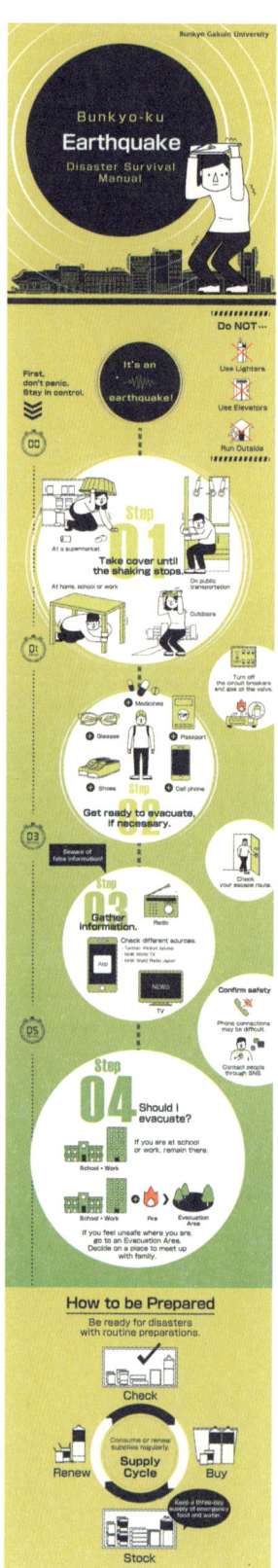

Bunkyo Gakuin University

Bunkyo-ku

Earthquake

Disaster Survival Manual

Do NOT...

First,
don't panic.
Stay in control.

It's an
earthquake!

Use Lighters

Use Elevators

Run Outside

Step 01

Take cover until the shaking stops.

At a supermarket.

At home, school or work

On public transportation

Outdoors

Turn off the circuit breakers and gas at the valve.

① Medicines
② Glasses
③ Passport
④ Shoes
⑤ Cell phone

Step 02

Get ready to evacuate, if necessary.

Check your escape route.

Beware of false information!

Step 03

Gather information.

Radio

Check different sources.
- Twitter, Radium, Nuvoes
- NHK World TV
- NHK World Radio Japan

TV

Confirm safety

Phone connections may be difficult.

Contact people through SNS.

Step 04

Should I evacuate?

If you are at school or work, remain there.

School・Work

School・Work + Fire ＞ Evacuation Area

If you feel unsafe where you are, go to an Evacuation Area. Decide on a place to meet up with family.

How to be Prepared

Be ready for disasters with routine preparations.

Check

Supply Cycle

Consume or renew supplies regularly.

Renew

Buy

Keep a three-day supply of emergency food and water.

Stock

Reference:
Bunkyo City Disaster Prevention Map,
Bunkyo City Community Disaster Prevention Activities Manual,
Cabinet Office Disaster Management website

Issued March 1, 2018

Edited and published by:

Bunkyo Gakuin University

1-19-1 Mukogaoka, Bunkyo, Tokyo
113-8668
http://www.u-bunkyo.ac.jp
©Bunkyo Gakuin University

Re-lab 日常

生活小物

日常中不可或缺的小物

01 **名片** 你听过Re-lab吗？

02 **收藏盒** 总是不知为何收藏了一些垃圾

03 **削铅笔机** 压力大的时候使用，倍感疗愈

04 **橡皮擦** 训练

05 **铅笔** 实现梦想的好帮手

06 **白板笔** 值日生准备擦黑板

07 **便利贴** 一张张便利贴，贴成无限

08 **彩色笔** 当黑白的世界需要多点色彩时

09 **色票** 所有颜色，一次拥有

10 **纸** 谢谢每一棵珍贵的树

11 **草稿** 说话不打草稿，但设计要先打草稿

精神食粮

日常中不可或缺的食物

12 **马克杯** 每天都要喝六杯水才能下班

13 **零食** 你乖乖，我也乖乖，客户也乖乖

14 **口香糖** 口气芬芳是办公室礼仪第一条

15 **零嘴** 自从开始工作之后，我便不再量体重

中文书

书中自有黄金屋

16 《**设计思考**》设计之前，先思考设计

17 《**系统思考**》一切事物都可能被拆解和还原，并互相影响

18 《**Google 图表简报术**》做图表之前，看过这本书吗？

19 《**Typography 字志**》有关字的问题，我都交给它

原文书

我念的书

20 *Fashionpedia* 衣服的圣经

21 *Raw Data* 认识了好多信息设计师

22 *Map Mania* 看腻了Google地图了吗？

23 *Knowledge is Beautiful* 拿着看起来很专业

24 *Information Graphics* 拿出来就很有气势

25 *Understanding the World* 非常重，重得值得